autobiografia gastronômica

Carlos Alberto Dória
e a construção de um
projeto culinário autêntico

Francys Silvestrini Adão, SJ

autobiografia gastronômica

Carlos Alberto Dória
e a construção de um
projeto culinário autêntico

Tradução:
Marcelle Azeredo

Edições Loyola

Título original:
La vie comme nourriture
Francys Silvestrini ADÃO
© Éditions jésuites, Paris – Bruxelles, 2023. All rights reserved.
323 rue du Progrès – 1030 Bruxelles – Belgique
ISBN 978-2-494374-09-6

Dados Internacionais de Catalogação na Publicação (CIP)
(Câmara Brasileira do Livro, SP, Brasil)

Adão, Francys Silvestrini
Autobiografia gastronômica : Carlos Alberto Dória e a construção de um projeto culinário autêntico / Francys Silvestrini Adão ; tradução Marcelle Azeredo. -- São Paulo : Edições Loyola, 2024. -- (Alimentação)

Título original: La vie comme nourriture

Bibliografia.
ISBN 978-65-5504-344-0

1. Alimentação 2. Alimentos - Aspectos sociais 3. Homens - Autobiografia 4. Gastronomia 5. Sociólogos - Biografia - Brasil I. Título. II. Série.

24-197706   CDD-301.092

Índices para catálogo sistemático:
1. Sociólogos : Biografia e obra   301.092
Eliane de Freitas Leite - Bibliotecária - CRB 8/8415

Revisão e adaptação: Francys Silvestrini Adão, SJ
Preparação: Mônica Glasser
Capa e Ilustração: Lilian Soares Vidal
Diagramação: Desígnios Editoriais
Imagem de miolo: © Orkidia | Adobe Stock

Edições Loyola Jesuítas
Rua 1822 n° 341 – Ipiranga
04216-000 São Paulo, SP
T 55 11 3385 8500/8501, 2063 4275
editorial@loyola.com.br
vendas@loyola.com.br
www.loyola.com.br

Todos os direitos reservados. Nenhuma parte desta obra pode ser reproduzida ou transmitida por qualquer forma e/ou quaisquer meios (eletrônico ou mecânico, incluindo fotocópia e gravação) ou arquivada em qualquer sistema ou banco de dados sem permissão escrita da Editora.

ISBN 978-65-5504-344-0

© EDIÇÕES LOYOLA, São Paulo, Brasil, 2024

108431

Para
meu pai, Wilson,
minha mãe, Marijulieta,
e minha irmã, Liliane,
a primeira
"comunidade gastronômica"
que me ensinou,
generosamente,
os mais importantes
e misteriosos
sabores da vida.

Sumário

Lista de abreviações 9
Fazendo sala: convite a um banquete 11
Uma olhadinha no menu: a gastronomia, um saber com muitos sabores 15

PARTE UM
UM APERITIVO, PARA COMEÇO DE CONVERSA:
O DESAFIO DE SER CHEF DA PRÓPRIA VIDA

1. A cozinheira e o cozinheiro no centro da gastronomia 25
2. Valores e desafios de um sistema gastronômico globalizado   35

PARTE DOIS
A FORMAÇÃO DE UMA IDENTIDADE CULINÁRIA:
A COZINHEIRA E O COZINHEIRO NO CORAÇÃO DA CASA

3. Compreender a transformação material: uma atividade tangível 61
4. Identificar o *pathos* interior: uma apreciação intangível 73
5. Aprender a unificar o tangível e o intangível: os guias culinários 85

PARTE TRÊS
UM POVO HERDEIRO DAS NAÇÕES:
RUMO A UM DISCURSO CULINÁRIO MAIS AUTÊNTICO

6. A busca de independência gastronômica:
a criação de paradigmas culinários......... 99
7. O discurso gastronômico brasileiro:
uma abordagem crítica dos mitos fundadores......... 115
8. A influência francesa e a diferença brasileira:
uma inspiração metodológica......... 131
9. A busca de novos paradigmas de unificação:
três exemplos inspiradores......... 143

PARTE QUATRO
SER *CHEF* NOS CRUZAMENTOS DE UMA CIDADE:
POR UMA COZINHA SEMPRE NOVA

10. A megalópole de São Paulo: testemunha dos desafios
gastronômicos contemporâneos......... 157
11. A lenta gestação de um futuro:
autoridades gastronômicas em transformação......... 175
12. À escuta de outras entranhas:
humanidades gastronômicas......... 195

Início das despedidas: na cozinha, a descoberta
e a invenção de uma vida autêntica......... 215
A saideira......... 219
Bibliografia......... 227

Lista de abreviações

Nas notas deste livro, as citações das seguintes de Carlos Alberto Dória estarão indicadas pelas iniciais das palavras do título:

ECB Estrelas no céu da boca
CM   A culinária materialista
FCB A formação da culinária brasileira
UDC Com unhas, dentes e cuca
EBL E-boca livre

Fazendo sala:
convite a um banquete

Paula Pinto e Silva[1]

Francys Silvestrini Adão é um tipo raro de pensador: bacharel em Filosofia e Teologia, mestre e doutor em Teologia e Cultura, voltou recentemente sua atenção aos estudos da "teogastronomia", área de abordagem teológica que dialoga com as ciências da alimentação. Mas o que esses dois modos de ver o mundo tão distintos podem ter em comum? A pista é ele mesmo quem nos dá quando afirma que a cozinha é uma metáfora poderosa para a compreensão da existência humana, seja ela pessoal ou coletiva. É nela – lugar, ideia, espaço geográfico – que transformamos, com criatividade e imprevisibilidade, o mundo ao nosso redor.

E, justamente porque o mundo culinário e gastronômico diz respeito a todo ser humano – a necessidade de transformação,

---

1. Cientista social, mestre e doutora em Antropologia Social pela Universidade de São Paulo, professora de Antropologia na Pós-Graduação da ESPM-SP. É autora de *Farinha, feijão e carne seca. Um tripé culinário no Brasil colonial* (SENAC, 2005), organizadora do livro *Arte de cozinha de Domingos Rodrigues* (SENAC, 2008) e de diversos artigos sobre Antropologia e Alimentação.

as invisibilidades, as incertezas –, ele também permite o estabelecimento de um diálogo com interlocutores das mais diversas naturezas. É assim que chegamos ao objeto deste *Autobiografia gastronômica: Carlos Alberto Dória e a construção de um projeto culinário autêntico*, que os leitores recebem agora.

Carlos Alberto Dória, apresentado pelo autor como sociólogo-gastrônomo-empreendedor, será tratado neste livro tanto como fonte de inspiração como de interlocução. Personagem elementar na cena intelectual e gastronômica brasileira, é um dos autores mais provocativos, inovadores e originais da alimentação contemporânea, investigador das miudezas culinárias, aventureiro incansável à procura da boa comida e de uma boa história. É por meio de sua obra que Francys Silvestrini Adão organiza a narrativa e nos convida a uma viagem cujo fio condutor é o mundo da alimentação. O leitor será então apresentado a uma cozinha humanista, espaço de domesticação dos alimentos e lugar singular de invenção de cozinheiros, onde se constituem modos, gestos e subjetividades; saberemos dos dilemas de um sistema culinário globalizado, que hesita entre o fazer artesanal e a complexidade da alta tecnologia; acompanharemos o paradoxo do cozinheiro contemporâneo, que aprende a cozinhar porque adquire técnica culinária, mas quer servir afeto, magia e memória; mergulharemos na releitura da história da alimentação no Brasil, atualizando o passado e abrindo caminhos futuros.

A proposta de Francys Silvestrini Adão é oferecer ao leitor, por meio dos trabalhos de Carlos Alberto Dória, um repertório crítico sobre o mundo da alimentação para que cada um componha sua *autobiografia gastronômica*, sugerida no título deste livro. Que se possa falar sobre gastronomia nas mais diversas perspectivas, seja a que fala do prazer, do encontro e da alegria, como outra, que trata de um *conhecimento culinário ordenado*, organiza histórias, narrativas, gostos e valores.

Os interessados nas reflexões sobre a comida, a culinária, a gastronomia; os cozinheiros, profissionais, amadores ou sonhadores; os entusiasmados pelo Brasil e por uma interpretação crítica do mundo: sejam todos bem-vindos! E, com o perdão da metáfora inevitável, que desfrutem deste banquete!

Uma olhadinha no menu: a gastronomia, um saber com muitos sabores

Saberes e sabores são os ingredientes principais desta obra, que não é um caderno de receitas, nem um manual que tenha a pretensão de dizer o que você tem de fazer, entregando-lhe um projeto pronto, previamente preparado por outros. Há muitas formas de lidar com a comida e com a vida! Este livro que você tem em mãos é uma organização nova e parcial de outra obra mais extensa, fruto de uma pesquisa doutoral publicada em terras de além-mar[1]. Cheguei a este novo formato graças ao desejo de oferecer a meus leitores e leitoras uma espécie de instrumento multiuso, desses que encontramos em nossas casas: vamos descobrindo suas muitas utilidades à medida que surgem novas necessidades, novas habilidades ou novos sonhos. Veja bem: o autor de um livro sobre cozinha e vida compartilhada, na perspectiva que apresentaremos aqui, só pode desejar que seu conteúdo se adapte à incontável diversidade de gostos de cada pessoa. Se essa adaptação acontecer, isso será minha grande alegria!

---

1. Adão, F. S., *La vie comme nourriture,* Bruxelles/Paris, Éd. Jésuites, 2023.

Vislumbro, ao menos, sete tipos de leitoras e leitores que poderão fazer um uso criativo da reflexão aqui desenvolvida:

1. *Pessoas simplesmente interessadas em toda e qualquer reflexão sobre o mundo da alimentação.* Se você é uma delas, espero que encontre, nesta obra, informações seguras, algo de entretenimento, mas também um aprofundamento de seus conhecimentos e uma interpelação à sua reflexão sobre o lugar da comida em nossa constituição humana e na vida singular de cada um.

2. *Pessoas diretamente implicadas na construção de um projeto culinário,* seja por um gosto pessoal, de tipo amador, seja por uma visão de futuro, de tipo profissional. Também espero que esses amigos e amigas encarem, com ousadia, a "viagem" aqui proposta e encontrem provocações inspiradoras e alimento sólido para suas buscas.

3. *Pessoas interessadas em redescobrir o Brasil e o mundo contemporâneo, pela mediação do mundo da alimentação.* Se seu interesse é este, você não perde por esperar! Esta obra quer honrar a reflexão inquieta de um legítimo "intérprete do Brasil", a partir das "entranhas" de nossa história viva: Carlos Alberto Dória, que será apresentado logo adiante e nos fará companhia ao longo destas páginas.

4. *Pessoas em busca de um maior autoconhecimento e de construção de um projeto de vida pessoal,* para além da arte culinária. Convido você a ler este livro como uma "parábola": ao olhar para um "espelho" diferente,

com a ajuda de várias comparações e analogias, você poderá reconstruir o fio de sua história e de seus desejos, por meio de uma narrativa alimentar elaborada em contexto brasileiro, mas profundamente conectada com o mundo.

5. *Pessoas com sede de espiritualidade e transcendência encarnadas,* que toquem a pele, as fomes e os sentidos, que não tenham medo dos exercícios de "tentativas e erros" tão importantes na construção de uma existência única e aberta, sempre em relação com os demais. O próximo livro desta série – *Sabedoria teogastronômica* – entrará em cheio neste tema, mas espero que você já encontre aqui luzes e inspirações suficientes para uma vida compartilhada e cheia de sentido.

6. *Pessoas que não têm uma ideia precisa da razão pela qual começaram a ler este livro,* mas que se sentiram provocadas por algo: pelo título, pela capa, pelos nomes aqui citados... ou simplesmente porque o ganharam de presente. O mundo da comida também é aberto às surpresas: muitas vezes, é assim que fazemos grandes descobertas e iniciamos amizades inesperadas!

7. *Pessoas que leram os seis tipos anteriores e pensaram: "Eu acho que me encaixo em vários desses pontos".* Essa coexistência de motivações diferentes também deve dar um resultado legal, afinal, o Brasil tem aprendido a apreciar os novos gostos que surgem das misturas improváveis. Seu paladar deve ser capaz de identificar sabores muito variados – e agradáveis, espero! – nas páginas que seguem.

Os perfis que descrevi acima já são, de alguma maneira, um caminho para a compreensão do título deste livro: não podemos separar autobiografia e gastronomia, pois nossa comida e nossa vida pessoal estão intrinsecamente conectadas e se iluminam mutuamente! Para não me delongar demais e deixar que você aprecie, pouco a pouco, os muitos sabores que este livro quer proporcionar, só gostaria de oferecer mais três informações que considero importantes, no começo deste percurso: (1) quais são os significados que este livro dá ao termo "gastronomia"; (2) quem é meu "guia" culinário e interlocutor intelectual ao longo desta reflexão; e (3) qual será o itinerário que iremos trilhar juntos.

Primeiramente, fazendo eco a outros pensadores e pensadoras, considero que a abordagem "gastronômica" de nossa realidade humana pode abrir portas para entendermos nossa vida, nossa nação e o tempo presente de uma nova maneira. E o que isso significa? Em um sentido imediato, a gastronomia moderna diz respeito ao *prazer à mesa*: indo além das necessidades básicas, ela pertence ao reino da alegria e da gratuidade. Em um segundo nível, mais reflexivo, ela corresponde a um sistema de saberes voltados ao alcance do prazer no mundo da alimentação, sendo, assim, um *conhecimento culinário ordenado*: a história, as narrativas, os gostos, os valores e os dissabores de uma pessoa e de um povo. Mas esses dois níveis nos levam a um terceiro, revelado pelos fragmentos dessa palavra, quando observamos seu significado etimológico: uma reflexão gastronômica (do grego γαστήρ, *gastér*, "estômago, ventre" + νόμος, *nómos*, "lei, norma") manifesta uma *normatividade própria das entranhas*, trazendo à luz aquilo que está inscrito em nossa "carne" – nossa realidade sensível, histórica e relacional – e que muitas vezes escapa às nossas palavras. Esses três níveis estarão articulados na construção de nossa reflexão.

Em segundo lugar, apresento, brevemente, um intelectual versátil, que considero, como disse antes, um perspicaz intérprete das entranhas do Brasil, nos três níveis que acabamos de apresentar. Carlos Alberto Dória é um sociólogo-gastrônomo-empreendedor, assim apresentado por uma revista destinada ao grande público:

> Ele é uma instituição brasileira. Doutor em sociologia, professor, ensaísta e crítico cultural, ele é um dos maiores especialistas em arte culinária e em gastronomia de língua portuguesa, bem como um grande viajante. Em 2006, ele recebeu o prêmio *Best Food Literature Book*, concedido pela *Gourmand World Cookbook Award*, por sua obra "Estrelas no céu da boca". [...] Intelectual, investigador e aventureiro, ele viaja por todo o Brasil e a outros países, em vista de descobrir as histórias, as tradições e as inovações em relação com os costumes alimentares[2].

Muito além de sua pesquisa acadêmica, Dória contribui para o debate culinário e para a formação intelectual de novas cozinheiras e cozinheiros, profissionais e amadores. Neste livro, concentrarei a atenção em dois tipos de trabalho: três mais sistemáticos e dois mais "fragmentários". As obras mais sistematizadas são: *Estrelas no céu da boca* (2006), primeiro ensaio gastronômico intuitivo, que o autor atribui à sua fase

---

2. CARLOS ALBERTO Dória, *Up Magazine* (da TAP AIR – Portugal). Disponível em: http://upmagazine-tap.com/pt_artigos/carlos-alberto-doria. Publicado em: 01 ago. 2012. Acesso em: 01 jun. 2018.

ingênua; *A culinária materialista* (2009), livro no qual Dória estrutura sua reflexão, sobretudo, em torno da materialidade da arte culinária; *A formação da culinária brasileira* (2014), uma aplicação ampliada do método de *A culinária materialista* à história gastronômica brasileira. Os livros não sistemáticos são os seguintes: *Com unhas, dentes e cuca* (2008), uma espécie de enciclopédia gastronômica "acessível a todos", escrita em parceria com o *chef* Alex Atala; *E-boca livre* (2015), uma compilação de textos mais curtos, publicados em seu *blog* de reflexão gastronômica.

Por fim, para que todos os tipos de leitoras e leitores se abram, pouco a pouco, a sabores novos e tenham tempo para digerir as tantas questões, informações e reflexões aqui servidas, nosso caminho está estruturado em quatro partes. Na primeira parte – "Um aperitivo, para começo de conversa: o desafio de ser *chef* da própria vida" –, apresentaremos as bases da reflexão de Dória, a partir de um diagnóstico da atualidade do movimento gastronômico mundial e do lugar da cozinheira e do cozinheiro na renovação das cozinhas do mundo. Na segunda parte – "A formação de uma identidade culinária: a cozinheira e o cozinheiro no coração da casa" –, gastaremos um tempo para compreendermos melhor todos os elementos que estão em jogo na formação culinária de uma pessoa singular, sempre "única em relação" com muitos únicos. Na terceira parte – "Um povo herdeiro das nações: rumo a um discurso culinário mais autêntico" –, mergulharemos em uma releitura da história culinária e gastronômica do Brasil, para entendermos de onde viemos e para escolhermos, com lucidez e liberdade, aonde queremos ir. Na quarta e última parte – "Ser *chef* nos cruzamentos de uma cidade: por uma cozinha sempre nova" –, voltaremos à atualidade brasileira, a partir do exemplo concreto da cidade de São Paulo, buscando recolher os frutos do caminho que fizemos e abrir novas pistas para a construção pessoal e coletiva de um futuro gastronômico aberto.

Eis o conteúdo do "menu-degustação" que começarei a servir a partir de agora, no desejo de ajudar cada leitor e leitora a ser capaz de compreender a própria história, de modo único e incomparável, a partir de sua relação com os outros, mediada pelo mundo da comida. Ao fim desta degustação, espero que você tenha ainda mais segurança para compor, narrar e projetar sua *autobiografia gastronômica*, como sugiro no título deste livro.

Sentiu fome ou vontade de provar coisas novas? Desejo que esses diversos pratos reflexivos sejam surpreendentes e agradáveis a seu paladar.

Boa leitura e bom apetite!

UM APERITIVO,
PARA COMEÇO DE CONVERSA:
O DESAFIO DE SER *CHEF*
DA PRÓPRIA VIDA

PARTE UM

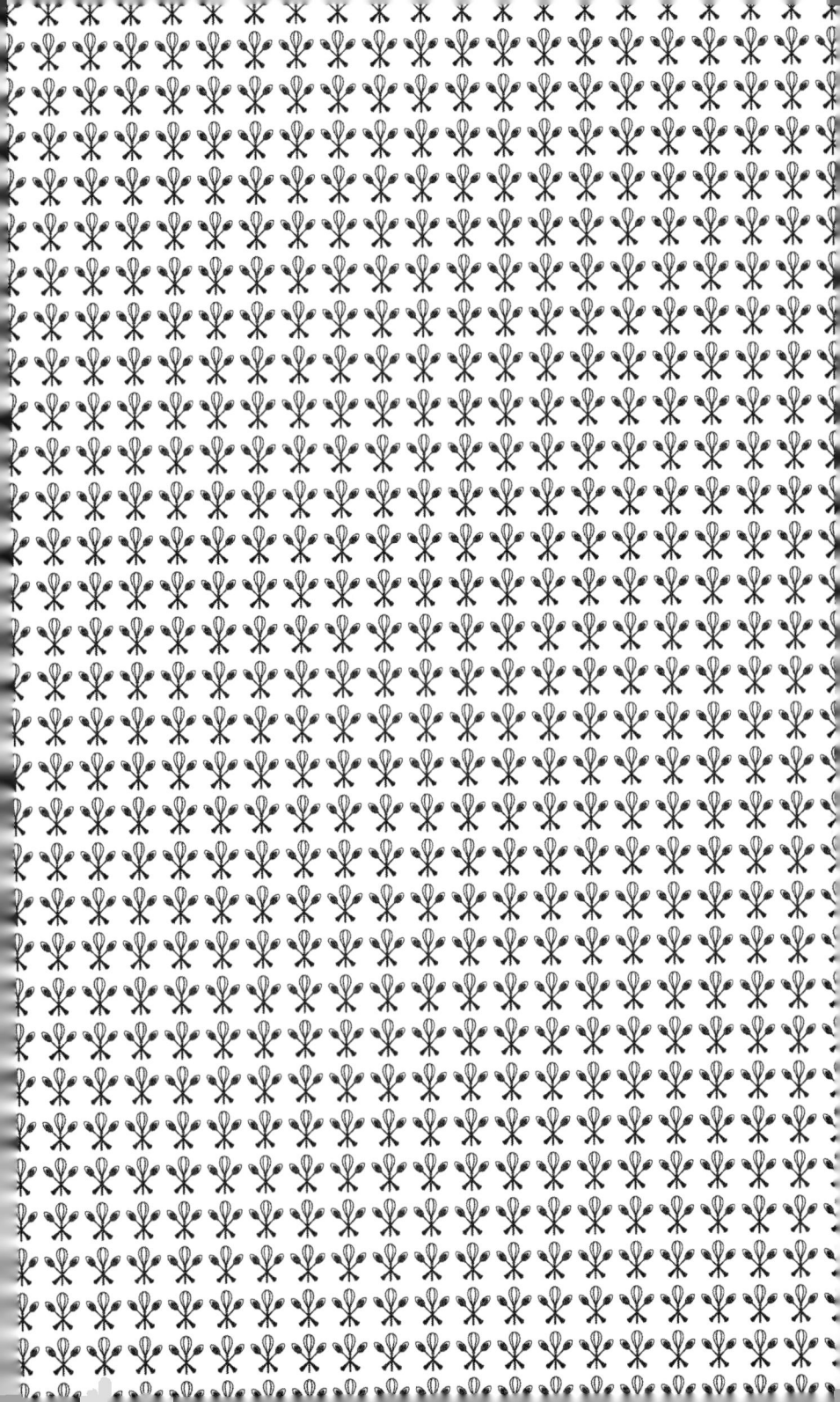

1
A cozinheira e o cozinheiro no centro da gastronomia

Neste início de nossa peregrinação gastronômica, convém estabelecer algumas bases comuns de compreensão, partindo da pergunta mais fundamental – mas nada óbvia, como veremos – para nosso assunto: o que, realmente, significa "cozinhar"? Muitas respostas poderiam ser dadas a essa simples questão. E como Carlos Alberto Dória responde a esta interrogação, ele que, nas últimas décadas, tem aprendido a navegar nas águas agitadas da cozinha brasileira contemporânea? Essa pergunta é a mais básica e a mais decisiva para a compreensão de sua obra reflexiva. Os elementos trazidos por sua resposta serão nosso "porto seguro", quando assumirmos com ele o risco de entrar nas águas mais profundas das "entranhas" do povo brasileiro e do movimento gastronômico mundial.

O que é a cozinha? Uma abordagem humanista

À luz da relação tecida entre um pequeno grupo de pessoas e a imensidão do mundo na intimidade de um lar, a cozinha – como lugar e como atividade humana – é apresentada nestes termos:

> A cozinha se situa no vértice da relação da casa com o mundo exterior. É nela que o mundo deve ser dominado e conformado à casa, de modo a se tornar comestível. É também onde se expressam os *modos* como somos capazes de proceder a essa "domesticação" do mundo[1].

A cozinha é, assim, um espaço da vida humana no qual uma realidade externa e distante se aproxima e é "domesticada". Isso supõe um processo de certo domínio e de ajuste a um lar, para conduzir esse "mundo" a um resultado muito preciso: *tornar-se* comestível. Essa conformação alimentar do mundo à casa está longe de ser algo uniforme. É por isso que o questionamento sobre os diferentes "modos" e "capacidades" necessários à concretização dessa operação assume um papel tão importante em uma reflexão gastronômica. Em torno de que eixo se articula esse "mundo" convocado pelo ato de cozinhar? A preocupação com a nutrição? A multiplicidade de sabores da natureza? A transmissão das tradições culinárias familiares? A replicação de gestos e símbolos culturais[2]?

Para nosso gastrônomo, nenhum desses critérios deve se impor sobre os outros, porque a cozinha é "um lugar aberto a mudanças, aos experimentos e, principalmente, a marcas

---

1. CM, 154.
2. Embora a função mais básica de nossa relação com os alimentos – a nutrição – não esteja ausente de suas reflexões, Dória não se concentra nela, porque ela não deve determinar a busca gastronômica pelo prazer. Ele vê na nutrição "apenas um aspecto da nossa relação com os alimentos. Os sabores são outro, a comunicação com o sagrado que eles propiciam, outro, e assim por diante" (CM, 125).

e estilos individuais, personalizados, parecendo verdadeiras assinaturas no ato de cozinhar"[3]. Dória destaca, por um lado, o enraizamento físico e material desse gesto – ele sempre acontece em um *lugar*. Por outro lado, indica sua abertura a possíveis deslocamentos propostos e provocados por uma pessoa – é sempre um *ato*. Começamos a vislumbrar o eixo em torno do qual se articula, em sua reflexão, a multiplicidade de elementos convocados por um simples gesto culinário: a singularidade de cada cozinheira ou cozinheiro que experimenta, que inventa e que se inventa na cozinha.

A importância central que Dória confere a esse "eixo" humano pode ser confirmada e mais bem compreendida por meio de outra definição condensada do ato de cozinhar: "O ato de cozinhar é o conjunto de ideias, de sentimentos momentâneos e de procedimentos que concatenamos tendo em vista imprimir o nosso estado de espírito ao que fazemos"[4]. Cozinhar pressupõe uma capacidade de conjugar várias competências humanas – intelectuais, afetivas e corporais –, de forma a criar uma identificação cada vez maior com o gesto culinário, o resultado desejado e o mundo interior da pessoa que cozinha.

Esse "mundo interior" em movimento – um *estado* de espírito – obviamente não é algo visível, mas sua materialização é particularmente verificável na cozinha, como indica este simples exemplo:

> Sempre que estamos diante da panela, temos à nossa disposição elementos tangíveis e intangíveis que serão combinados de modo a expressar o nosso estado de espírito – seja

---
3. CM, 138.
4. UDC, 151.

ele consciente ou não. Se estivermos com pressa, faremos rapidamente uma omelete, um bife grelhado ou qualquer outro prato igualmente simples. Mesmo nesses casos, sabemos que o toque pessoal é que dará à preparação a personalidade que a distingue daquela que poderíamos encontrar, por exemplo, na lanchonete da esquina[5].

A "marca" ou a "assinatura" de quem cozinha reside em sua capacidade de transmitir, por meio de um produto culinário, algo de sua personalidade a um comensal. A prova de seu sucesso ou fracasso não é percebida definitivamente durante a preparação, mas sim no final do processo, quando o prato é *provado*:

> Somente quando experimentamos a simples omelete ou o bife grelhado é que temos certeza de assinar ou não aquele prato, isto é, se ele traduz ou não o nosso estado de espírito – se nos colocamos pessoalmente nele ou se, ao contrário, fomos mero instrumento da técnica como imaginamos que qualquer um poderia fazer[6].

A atenção de Dória à dimensão radicalmente pessoal da cozinha está a serviço de uma verdadeira intenção gastronômica. Segundo ele, a decadência culinária é resultado de uma repetição excessivamente mecânica de gestos e de uma aplicação desengajada de técnicas[7]. Para evitar tal mecanização e descompromisso, cada cozinheiro e cozinheira deve ser capaz de interpretar os desejos dos comensais, encontrar boas

---
5. UDC, 150.
6. UDC, 150.
7. UDC, 184.

matérias-primas e transformá-las em fonte de satisfação, porque "nada, absolutamente nada, é capaz de substituir os aspectos subjetivos e afetivos do ato de cozinhar"[8]. A subjetividade da pessoa que cozinha desempenha um papel central na boa execução de um prato. Sem ela, não existe boa comida. Mas isso, obviamente, não basta.

O prazer: entre matéria, transformação e relação

O ato de cozinhar manifesta uma dimensão menos visível da busca do prazer gastronômico. Ao ordenar seu trabalho a outro ato – o ato de comer –, quem se dedica à cozinha encontra prazer "no processo manual e intelectual que consiste em transformar as matérias-primas pensando em levá-las à mesa da convivência com as pessoas que nos são queridas"[9]. Esse processo de transformação possibilita uma experiência de prazer multifacetada: a descoberta de novos ingredientes e novos sabores; a satisfação de ter realizado bem um projeto culinário; a capacidade de produzir o efeito desejado nos outros comensais[10].

Com efeito, ao passar pelas descobertas e pela boa execução de um projeto, o ponto alto do prazer de quem cozinha encontra-se na expressão dos comensais. Dória evoca o ápice do reconhecimento: o "silêncio respeitoso" diante do prato. Mas ninguém chega lá apenas com uma boa ideia. Para produzir esse efeito, a cozinheira e o cozinheiro devem "conhecer e obter os

---
8. UDC, 184.
9. UDC, 16.
10. Cf. UDC, 16.

melhores ingredientes, dominar técnicas de preparo dos alimentos, racionalizar (sistematizar) o seu processo gastronômico"[11]. No exato momento em que nos remete a uma experiência do inefável diante de um prato, nosso gastrônomo nos conduz à dimensão concreta e à materialidade do mundo culinário. Essas três dimensões – o conhecimento e a obtenção de bons ingredientes, o domínio das técnicas de preparação, a racionalização do processo culinário – devem ser conciliadas para obter um bom resultado. Em primeiro lugar, a pessoa que deseja cozinhar bem não deve iniciar seu trabalho sem reconhecer o que a natureza oferece como matéria-prima:

> É preciso partir do reconhecimento da natureza, isto é, das virtudes naturais dos alimentos e imaginar como cada uma das matérias-primas se disporá para o consumo humano após as sucessivas intervenções sobre o seu estado, que ocorrem dentro da cozinha. A naturalidade pura é inimiga da culinária, uma vez que uma laranja colhida no pé não precisa de nenhum cozinheiro para se tornar consumível. Ao contrário, o conhecimento das matérias-primas é a primeira atividade de formação de um cozinheiro e evidentemente se acumula por meio da experiência, pela experimentação de toda e qualquer nova matéria-prima desconhecida, quando começa a imaginação do que eventualmente poderemos fazer com ela[12].

Juntamente com a experiência e a experimentação, Dória fala da importância de um reconhecimento dos materiais – algo

---
11. UDC, 83.
12. UDC, 84.

como uma exploração da natureza –, bem como do lugar central da imaginação. Por um lado, o conhecimento das propriedades naturais – "virtudes" – de um elemento com potencial alimentar; por outro lado, a criatividade para levá-lo além de si mesmo, para transformá-lo a partir de intervenções culinárias. No entanto, o conhecimento da natureza e a imaginação não são suficientes. Ele afirma:

> No segundo momento, precisamos imaginar quais as técnicas ou tecnologias que, uma vez empregadas, podem levar aquela matéria-prima a um resultado ao qual pretendemos chegar. Essa também é uma tarefa em que, além do domínio sobre as ferramentas ou utensílios de cozinha, é preciso saber aplicá-las no caminho específico do que estamos imaginando fazer. As ferramentas por si sós não garantem nenhum resultado, por mais precisas que sejam[13].

Conhecimento e imaginação são novamente convocados nesta segunda etapa do jogo culinário. Mas agora seu "objeto" não é mais uma natureza vista como um ingrediente potencial. Trata-se de conhecer e imaginar o uso de um *savoir-faire* experimentado e ordenado – técnicas e tecnologias – ou materializado – ferramentas e utensílios – por pessoas que nos precederam. Nada disso exime o cozinheiro e a cozinheira de seu engajamento pessoal: a escolha deve ser sempre feita de acordo com o resultado que eles desejam alcançar.

Finalmente, para quem desenvolve uma consciência esclarecida, não há espaço para a solidão em um ato culinário. Nossas cozinhas modernas são o resultado de uma rede de

---

13. UDC, 84.

sistemas de organização e de trabalho altamente diversificados. Não podemos esquecer a multidão de pessoas que fazem a ligação entre nossas cozinhas domésticas ou profissionais e o mundo da natureza e do trabalho humano. Dória lembra:

> [A cozinha é] um elo entre os processos de transformação e os procedimentos intermediários que se articulam, na sua "entrada", como ligação com outros sistemas (agrícolas, frigoríficos, de estocagem, de transporte etc.) e, na sua "saída", com os produtos que se destinam à alimentação humana nas formas desejadas, segundo um cardápio qualquer. É, ainda, atravessada por fluxos elementares, tais como os de água, energia elétrica, gás, esgoto[14].

A mobilização de uma rede mais ampla não se limita à produção e ao consumo de uma refeição. A última etapa do trabalho da cozinheira e do cozinheiro está centrada na preservação e na transmissão de uma experiência. Segundo Dória, a pessoa que cozinha deve registrar tudo o que viveu: "O sucesso ou o fracasso das tentativas e erros, [...] para transmitir esse conhecimento a terceiros, além do consumo imediato de um prato"[15]. Tudo isso é importante para colaborar com os outros e acrescentar algo novo às suas experiências.

Chaves de leitura para nosso itinerário

Esta primeira abordagem à reflexão gastronômica de Dória ajuda-nos a identificar alguns de seus "ingredientes"

---
14. CM, 149.
15. UDC, 84.

fundamentais. De certa forma, seus núcleos analíticos já estão esboçados, mas ainda levaremos algum tempo para compreender a profundidade de suas nuances e implicações. Por ora, podemos reter alguns pontos:

1. No centro de uma rede culinária está a pessoa que cozinha;
2. Ela deve imaginar e executar um projeto capaz de alimentar e dar prazer a seus comensais;
3. Para fazer isso, ela tem de unir os elementos de sua própria singularidade, a natureza à sua disposição e as técnicas e ferramentas produzidas pelos grupos humanos;
4. Seus sucessos e até mesmo seus fracassos pessoais, quando transmitidos, podem acrescentar algo novo à experiência dos outros.

Com essas bases relativamente simples, as cozinheiras e os cozinheiros brasileiros poderão escolher os caminhos que levarão suas vidas, suas redes de relação e a gastronomia nacional a encontrarem e produzirem alguns sabores e experiências ainda desconhecidos de todos nós. Mas o que a atualidade do movimento gastronômico mundial tem a nos dizer sobre os desafios que esta geração de cozinheiros e cozinheiras é chamada a enfrentar e a superar?

2
Valores e desafios de um sistema gastronômico globalizado

A reflexão que acabamos de começar *escolheu* colocar no centro do sistema gastronômico os cozinheiros e as cozinheiras, com sua singularidade, sua experiência relacional e sua liberdade criativa. Mas, ao longo da história e nas diversas partes do planeta, encontramos muita diferença entre os gostos e as possibilidades concretas de colocar em prática uma ideia. Vamos, pouco a pouco, chegar ao que há de específico no contexto brasileiro contemporâneo. Contudo, antes disso, queremos também ampliar nosso olhar, para situar esta reflexão contextual nos elementos que nosso tempo *tornou possíveis* e colocou *em comum* para todas as partes do mundo.

Dória destaca uma mudança de hábitos alimentares em todos os níveis da população brasileira: "Qualquer pessoa quer comer bem e sabe que tem direito a essa escolha, e esta é a novidade comportamental a se levar em conta"[1]. No entanto, a combinação entre a atenção aos gostos dos comensais singulares, a tomada de consciência da diversidade das tradições

---
1. CM, 20.

regionais e nacionais, a abertura às tendências culinárias mundiais e a elaboração de um projeto culinário pessoal por um *chef* de cozinha não é, obviamente, uma tarefa fácil. É precisamente esse delicado equilíbrio que está no coração dos desafios gastronômicos atuais. Ao colocar a alta cozinha contemporânea sob análise, Dória nos ajuda a identificar as crises que ela revela, bem como possíveis formas para superá-las.

Entre o singular e o universal: *terroir* e tecnologia

A partir da segunda metade do século XX, o movimento gastronômico mundial teve de se confrontar com duas "inovações" no mundo da cozinha: o reconhecimento da diversidade dos *terroirs* e a apropriação culinária das descobertas científicas e tecnológicas. É no cruzamento dessas duas novidades que vai se tecendo o futuro da alta cozinha no mundo. Quais são, então, as oportunidades e os desafios trazidos pela pluralidade de *terroirs* e pela introdução da tecnologia de ponta na cozinha?

Comecemos pelo *terroir*. O que este termo significa realmente? Dória cita uma definição dada por um autor espanhol, José Peñin, conhecido por suas competências enológicas:

> [*Terroir* é] um termo mágico que os franceses utilizam para falar da associação íntima que se estabelece entre um solo, um microclima e uma ou mais cepas adaptadas a esse terreno, como chaves que dão lugar a um vinho com personalidade própria e, portanto, de caráter diferenciado diante dos demais[2].

---

2. CM, 78.

Esta descrição reconhece a origem francesa do conceito, ligada à produção de vinho, e indica três elementos fundamentais da definição: uma *associação íntima* entre diferentes *fatores naturais* como a chave para a *personalidade própria* de um produto em relação a outros. Antes da chegada dessa noção à alta cozinha, ela já havia sido aplicada a outros produtos. Com base em uma análise comparativa entre a classificação dos vinhos franceses, dos *whiskies* escoceses e dos presuntos espanhóis, Dória propõe uma nova síntese:

> Os *terroirs* podem ser vistos como representando: diferenças genéticas e particularidades da geografia, do solo, do clima etc.; diferenças objetivas de sabores originados em um território, mesmo que não se conheçam precisamente os fenômenos de causação; diferenças de sabores originados do desenvolvimento de variedades animais e vegetais e de características de sua nutrição, assim como outros aspectos relacionados com o trabalho humano[3].

Dória introduz, aqui, um elemento que é caro à sua reflexão – o trabalho humano –, muitas vezes esquecido no imaginário comum e mesmo nas análises gastronômicas[4]. Segundo nosso autor, "a *singularidade* é a base dessa fenomenologia que fixa as qualidades dos alimentos como independentes do trabalho", como se certas partes da terra tivessem sido "abençoadas por Deus, sendo 'gostosas' por natureza"[5]. O caráter

---
3. CM, 84-85.
4. Segundo Dória, "a concepção naturalista sobre o *terroir* predomina nos discursos sobre a alimentação, especialmente na vertente *gourmet*" (CM, 80).
5. CM, 80.

único é o valor procurado, mesmo quando consideramos as diversas formas de trabalho: "O que é 'singular' será sempre considerado superior a qualquer coisa que possa ser repetida ou serializada, isto é, o artesanato local, distante da produção estandardizada da indústria, sempre terá maior valor"[6].

O contexto do surgimento dessa noção na gastronomia não é menos importante. Segundo Dória, o *terroir* é uma síntese das necessidades da população urbana, em um mundo industrializado:

> Os produtos de *terroir* trazem ao ambiente urbano de consumo a reminiscência das técnicas e relações sociais de produção mais tradicionais, como se fossem cristalizações do bom e do belo que o capitalismo, na voragem do processo de produção de *commodities*, ainda não destruiu. Ao comermos produtos de *terroir*, nos perfilamos, simbolicamente, em uma linha de resistência[7].

Os valores associados ao *terroir* evocam, assim, a memória de um mundo antigo – uma reminiscência – e sugerem também um desejo de frear a voracidade de repetição da fase industrial do capitalismo – uma resistência. Essa resistência não é apenas ideológica, mas fala ainda de um medo e de uma ansiedade reais. A procura por produtos de *terroir* aumenta, particularmente, nos momentos de crise alimentar ligada à grande indústria. A racionalidade científica industrial não conseguiu evitar os riscos de morte:

---

6. CM, 80.
7. CM, 81.

O produto de *terroir* se aninha no âmago da crise alimentar, na qual representa o bom produto, em oposição ao produto desnaturado da indústria, que domina a alimentação cotidiana nos grandes centros urbanos e que, nos episódios da vaca louca e da gripe aviária, revelou toda a sua fragilidade, até mesmo tecnológica, expondo o consumidor a um risco psicológico (se não real) insuportável[8].

Para além do caráter singular, a *novidade* é também um critério importante para o movimento gastronômico mundial[9]. Foi pela porta da inovação que, paralelamente à valorização do *terroir*, os conhecimentos científicos de ponta entraram na cozinha. No final da década de 1980, nasceu uma nova disciplina científica: a gastronomia molecular. Diferentemente da cozinha molecular – um movimento culinário que aplica as descobertas científicas à cozinha –, a gastronomia molecular encarrega-se da análise científica dos processos culinários, tendo "a capacidade de questionar e virar do avesso a maior parte dos procedimentos tradicionais ligados ao fazer culinário, destacando o seu aspecto material"[10]. Eis os objetivos dessa disciplina, tal como apresentados em 1988 por seus fundadores, o químico francês Hervé This e o físico húngaro Nicholas Kurti:

---

8. CM, 86.
9. Em diálogo com a pesquisa do químico francês Hervé This, Dória apresenta um pequeno inventário das situações nas quais a inovação culinária se torna possível: "A inovação se dá pela transformação de coisas antigas (modernização); a inovação é possível utilizando as ferramentas da modelização; a inovação também surge pela generalização de processos clássicos; a inovação surge por intermédio do formalismo; a inovação aparece também quando a ciência explora a arte" (CM, 231).
10. CM, 22.

Investigar receitas; investigar ditos, provérbios e velhas histórias culinárias; introduzir novos pratos; introduzir novos equipamentos, ingredientes e métodos; usar tudo isso para mostrar como a ciência é maravilhosa[11].

Ao ler o enunciado dessas linhas orientadoras da gastronomia molecular, Dória sublinha dois aspectos: uma intervenção importante no processo culinário – mais do que conhecer os processos, o desejo manifesto desse projeto era mudar as práticas – e uma demonstração da "supremacia das ciências sobre as demais formas de conhecimento"[12]. As investigações físico-químicas de This e de Kurti deram muitos frutos, mas também encontraram resistência por parte de muitos cozinheiros e cozinheiras. Dória faz uma análise dessa situação:

> Ao mostrar o gesto de cozinhar como um processo que pode ser reduzido a reações químicas e físicas, a magia e o encantamento, que pareciam se apoiar em um conhecimento secreto ou em um dom todo pessoal, vêm abaixo e se tornam democraticamente acessíveis a quantos se dediquem ao estudo das ciências relacionadas com o fazer culinário[13].

A compreensão científica do que se passa na cozinha parece ser uma ameaça para as cozinheiras e os cozinheiros tradicionais, pois eles têm medo de "perder a mão" ao se afastarem

---

11. CM, 228. Após a morte de Kurti, esses objetivos se concentraram mais na cozinha, deixando de lado o tom "apologético" do discurso científico.
12. CM, 228.
13. CM, 226.

da herança dos gestos culinários antigos[14]. Segundo Dória, conceber a cozinha como o encadeamento de "um conjunto de reações físico-químicas que, ao serem compreendidas, podem ser repetidas *ad infinitum* sob as mesmas condições"[15] é uma ideia dolorosa para quem vê a culinária como uma arte – daí sua dificuldade em explorar mais a possibilidade de um artesanato pós-tecnológico.

No entanto, o interesse científico pela cozinha não se limita à análise de uma universalidade despersonalizada. A gastronomia molecular também se dedicou a analisar "aspectos intangíveis do cozinhar, como a cultura, a subjetividade e sentimentos como o de doação pessoal ou amor"[16]. A partir de 2005, a nova proposta da gastronomia molecular de This acrescentou a seus objetivos: "Explorar as definições e *précisions* das receitas; explorar a arte presente na culinária; explorar o amor como componente da culinária"[17]. O questionamento sobre o "sentido" dado aos alimentos tem seu lugar nessa investigação, como se pode ver nesta reflexão de This:

> [O amor] não é inexpressivo, pois um mesmo prato parece melhor quando é compartilhado com outras pessoas do que quando é consumido por uma pessoa isolada. Tampouco é estranho que sentimentos positivos se reacendam quando lembramos da comida de nossas avós, embora não fossem elas ases nas melhores técnicas, devendo-se especialmente ao fato de que elas não se preocupavam apenas em nutrir, mas em proporcionar amor. E não espanta que

---

14. CM, 156.
15. CM, 156.
16. CM, 23.
17. CM, 231.

um sanduíche possa ser a melhor refeição do mundo quando compartilhada entre bons amigos [...]. Sabemos disso muito bem. O "convívio" entre as pessoas, ou o desejo de cozinhar, ou de a cozinheira proporcionar bem-estar, são essenciais na cozinha. Como estudar tais fenômenos[18]?

Foi assim que, na transição entre os séculos XX e XXI, a aliança entre a atenção ao *terroir* e a introdução de conhecimentos científicos na cozinha do *chef* catalão Ferran Adrià "deslocou o eixo da gastronomia para a Espanha"[19]. A inovação de Adrià consistiu em incluir a física e a química em seu projeto culinário, "fazendo da cozinha uma espécie nova de laboratório que serve à surpresa, à sensação inusitada"[20]. No entanto, esse conhecimento físico-químico de tipo universal é posto a serviço de um contexto muito concreto:

> Adrià considera que o mais importante do seu trabalho é a fase de "mediterranização" da sua culinária, que consistiu justamente em chamar a atenção para aquilo que a globalização ameaça, mostrando que a brincadeira, o lúdico, cabe em qualquer terreno[21].

Atualmente, a onda da cozinha molecular, ou seja, a "aplicação dos resultados da gastronomia molecular nas cozinhas

---
18. CM, 240.
19. CM, 235. Dória resume assim o estilo de Adrià: conciliação entre "o aspecto mediterrâneo da culinária requerida em seu país, o desenvolvimento técnico e uma criatividade singular" (CM, 250).
20. CM, 236.
21. CM, 236. A Espanha havia conhecido, anteriormente, o perigo de uma homogeneização das tradições: "Bascos, catalães e tantos outros se valeram da língua, das artes e da culinária para restabelecer diferenças que haviam sido sufocadas durante o franquismo" (CM, 250).

modernas", está em declínio. Mas podemos reter dois pontos. O primeiro diz respeito à França. Com o objetivo de "recuperar a dianteira momentaneamente perdida", ela desenvolveu uma fórmula relativamente simples: "A aproximação entre história, cozinha e laboratório, ou entre tradição e inovação"[22]. O segundo ponto diz respeito à semelhança do percurso pedagógico seguido por This e Adrià, no momento em que seu trabalho parece estar chegando ao fim de um ciclo:

> Reconhece-se hoje o término de um período fértil de namoro ou cooperação, e não deixa de ser interessante notar como esses dois líderes do processo de cooperação – This e Adrià – se dirigiram, cada um a seu modo, para o ensino de hábitos de comer para jovens e crianças, com a criação de fundações de caráter nitidamente educacional[23].

A crise de uma cozinha de elite: o desencanto

Cada movimento culinário transmite uma compreensão do mundo. Comparando as três principais tendências do final do século XX, Dória fala de diferentes tipos de cozinha. Em primeiro lugar, uma cozinha "essencialista", que vê o cozinheiro e a cozinheira como alguém que deve revelar a essência oculta dos produtos (daí vem a insistência em relação aos molhos). Em segundo lugar, uma cozinha "naturalizante", que considera a pessoa que cozinha como alguém que se coloca a serviço da essência autoevidente das coisas (daí vem o apelo

---

22. ECB, 217.
23. CM, 185.

ao retorno à natureza e aos mercados). E, finalmente, uma cozinha "desnaturalizante", que entende o trabalho da cozinheira e do cozinheiro como a construção de uma ilusão (daí vem o recurso a uma aliança com a tecnologia moderna)[24]. Independentemente dessas tendências, Dória chama a atenção para duas curiosidades relativas à compreensão social do ofício do *chef* de cozinha. A primeira diz respeito à sua inclusão no mundo da arte – e não mais do artesanato. A *chef* e o *chef* são vistos como um "criador que transcende esse terreno cristalino do trabalho manual, situando-se no campo dos que estão 'antenados' com as tendências mais profundas da cultura"[25]. A segunda curiosidade diz respeito à atribuição de uma espécie de função sacerdotal a quem se dedica à cozinha, graças à sua capacidade de criar uma unificação destinada ao sacrifício: "Além do sabor, ele combina cor, aroma, textura, crocância e temperatura na construção de um espetáculo de arte evanescente, no qual o comensal ultima o sacrifício"[26]. Essas duas considerações são vislumbradas após uma crise, graças ao alargamento da compreensão da experiência estética:

> A gastronomia atual parece anunciar que uma experiência estética também pode se apoiar nesse sentido antes banido do campo das manifestações artísticas, fossem elas quais fossem. E, mais do que isso, que esse sentido menor tem modernamente *uma função integradora*, criando, momentaneamente, um *sujeito como totalidade* que antes não existia

---

24. CM, 168-169.
25. CM, 232.
26. CM, 216.

e que, na medida em que a arte reconheceu a crise do suporte, ficou flanando no éter. A materialidade brutal do comer parece ativar esse problema[27].

No entanto, no mesmo momento em que uma parcela da sociedade passa a ver a *chef* e o *chef* de cozinha como intérpretes do mundo da cultura, alguns desses profissionais começam a viver uma crise. Uma questão ética se impõe: faz sentido ir tão longe na experimentação culinária, enquanto a fome ainda é uma realidade tão presente em tantos países? Dória percebe na dimensão lúdica da cozinha de Adrià um sinal desse questionamento: "Se Adrià dá um tom de brincadeira a tudo o que faz, é porque talvez não se deva levar demasiadamente a sério a gastronomia. Ela é um exagero em um mundo cercado pela fome"[28].

Nosso autor cita ainda duas declarações de outro *chef* catalão, Santi Santamaria, que manifestam certo mal-estar em relação à gastronomia contemporânea. A primeira revela uma insatisfação com a extrema racionalização da cozinha: "Não creio na cozinha científica nem na intelectualização do fato culinário. Não me importa saber o que ocorre com o ovo quando o frito, só quero que fique bom"[29]. A segunda, mais amarga, diz respeito às motivações e ao público-alvo da alta cozinha: "Somos um bando de farsantes, que trabalhamos por dinheiro para dar de comer aos ricos e aos esnobes"[30].

Para Dória, essas afirmações de Santamaria revelam duas questões que a gastronomia deve enfrentar: "(1) Os limites do

---

27. CM, 238.
28. CM, 236.
29. CM, 249.
30. CM, 249.

trabalho de desnaturação empreendido pela vanguarda culinária; (2) Os limites de classe da fruição gastronômica"[31]. Em ligação com a desnaturação, nosso gastrônomo fala de uma "dinâmica autofágica", que colocou no centro da busca gastronômica não mais "uma coleção de sabores, ou um conjunto de técnicas, mas a capacidade de inovação, isto é, de destruição e regeneração dos seus próprios valores"[32]. Em relação aos privilégios de classe, nosso autor fala de uma necessária crítica do elitismo, em prol de uma maior inclusão social. Sem isso, "os *chefs* ficarão a quilômetros de distância da população, discutindo técnicas, ingredientes, fazendo e falando o que queiram, sem nenhum eco na sociedade"[33].

Devemos salientar, no entanto, que essa crise não afeta o fenômeno culinário em sua totalidade: ela é própria da *alta cozinha*. Dória retoma as reflexões do crítico gastronômico François Simon:

> Simon tem consciência de que a crise é da "alta cozinha" na França. A "alta cozinha", além de um *corpus* de receitas de natureza histórica, é uma prática de criação e inovação. Ela é o domínio dos chamados "grandes *chefs*" e só se mantém por meio de renovações periódicas bem-sucedidas. Diferentemente da "cozinha burguesa", que é o domínio dos bistrôs, na qual o importante é sempre reconhecer uma boa dose de fidelidade à tradição[34].

---

31. CM, 249.
32. CM, 249-250.
33. CM, 253.
34. EBL, 52. Simon considera o modo burguês de comer como um "principado barroco" (cf. EBL, 54).

A crise da alta cozinha não está ligada, apenas, à crise de *chefs*. Ela também tem a ver com outra dupla crise: o desencantamento e a fragmentação do mundo. Dória associa esse desencanto ao esgotamento de um modelo culinário eurocêntrico e a uma racionalidade que conduz o mundo culinário à banalidade:

> A exaustão das cozinhas de inspiração europeia, aliada à banalidade do *fast-food* e à racionalidade cada vez maior do processo produtivo, é que fornecem a moldura do desencantamento do mundo – isto é, da perda da transcendência e do encanto inerente às coisas[35].

Quanto à fragmentação, ela está ligada ao aprofundamento da investigação científica e ao conhecimento cada vez mais exato dos *terroirs*. Dória dá o exemplo do azeite espanhol: com base em uma nova compreensão das variedades de azeitona, passou-se de quatro para trinta e duas denominações de qualidades possíveis. Um novo fenômeno linguístico acompanha esse aprofundamento: "Em um mundo comestível que se multiplicou, as próprias palavras se mostram insuficientes para dar conta da diversidade. É preciso criação linguística para descrever o novo mundo"[36].

Essa articulação entre o conhecimento da realidade, a experiência culinária e as palavras não é periférica à experiência gastronômica. Essa troca de palavras, como diz o poeta cubano José Lezama Lima, é o que nos ajuda a encontrar a unidade para além dos fragmentos:

---

35. FCB, 227.
36. CM, 218.

O prazer, que é para mim um instante de lucidez, pressupõe o diálogo [...]. Se para comer, por exemplo, fôssemos retroceder na sucessão das galerias mais secretas, teríamos a tediosa e fria sensação do fragmento do vegetal que incorporamos, e a asa da perdiz rosada seria uma ilustração da zootecnia anatômica. Se não é o diálogo, nos invade a sensação da fragmentária vulgaridade das coisas que comemos[37].

A inteligência científica permitiu a identificação de uma grande diversidade de sabores no mundo. Mas o corpo e os sentidos não assimilam essas descobertas com a mesma velocidade da inteligência. De fato, "os sentidos precisam ser reeducados para dar conta da multiplicidade mascarada"[38]: daí o surgimento da degustação. Mais do que uma fruição desengajada, trata-se de uma verdadeira associação entre a inteligência e os sentidos: "Só uma espécie de 'razão degustadora' pode nos conduzir por esse universo do sentido moderno do comer, ao qual o hábito cotidiano já não nos dá acesso"[39].

Ao mesmo tempo, aquilo que Dória chama de "filosofia da degustação" não é uma atitude intelectual cômoda, pois, ao enraizar-se "em uma descontinuidade entre o indivíduo e as comunidades de sentido anteriores", ela acaba por levar cada um "a novas eleições gustativas que são, ao mesmo tempo, eleições de vínculos sociais, em uma verdadeira síndrome da escolha"[40]. Como podemos ver, a noção de singularidade de um *terroir*, o acesso à tecnologia e a exploração consciente

---

37. ECB, 13.
38. CM, 217.
39. CM, 216.
40. CM, 219.

da multiplicidade dos gostos já não são privilégios de um pequeno grupo, mas começaram a moldar a mentalidade de uma multidão de pessoas.

À escuta da enologia: uma antecipação das buscas e crises

Quando aproximamos os estudos gastronômicos dos estudos enológicos, há um aspecto que nos salta aos olhos: os valores e as crises vividos pelo mundo da gastronomia, no limiar do novo milênio, tinham sido *antecipados* pelo mundo vinícola. De fato, a noção de *terroir* (a singularidade relacional de uma região), a aplicação das *ciências empíricas* (a racionalização da produção) e a experiência de *degustação* (a educação para a apreciação da pluralidade) estão ligadas à cultura do vinho. Os pioneiros de uma descoberta são os primeiros a se beneficiar de seu potencial e de suas vantagens, mas são também os primeiros a conhecer suas crises. Por isso, vale a pena perguntar: como os viticultores e as vinícolas superaram a crise ligada ao *terroir*, à multiplicidade e ao conhecimento empírico, em uma era de globalização[41]?

O desafio de qualquer produtor de vinho consiste em comunicar aos consumidores a singularidade do gosto de cada uma de suas garrafas, sabendo que "uma garrafa fechada só pode ser penetrada por palavras"[42]. Quanto mais avançamos em nosso conhecimento dos vinhos, maior é nossa capacidade

---

41. Dória reflete sobre esse assunto em uma seção intitulada: "Os vinhos: a descrição do indescritível" (cf. ECB, 173-179).
42. ECB, 174.

de falar sobre eles com precisão. Segundo Dória, já em 1976, um estudo conseguiu identificar 611 termos (descritivos) no vocabulário enológico[43]. Além disso, à complexidade *objetiva* da diversidade de *terroirs* acrescentava-se a complexidade *subjetiva* dos enólogos e dos consumidores:

> A diferença de sensibilidade de cada pessoa diante dos estímulos aportados por uma molécula qualquer de aroma é tão grande que, muito provavelmente, teremos tantos descritores quanto degustadores de um vinho. O recurso a "dicionários químicos", por sua vez, traz o inconveniente oposto, decorrente da ultrapadronização para objetos tão díspares quanto os vinhos nascidos na Europa, de um lado, e os vinhos emergentes do Novo Mundo, de outro. Em outras palavras, se o *terroir* acrescenta qualidades singulares a um vinho, estas não poderão, logicamente, subsumir-se em descritores universais. Nem terá sentido aquela particularidade integrar os dicionários químicos[44].

Estamos aqui perante um impasse e somos obrigados a reconhecer que os descritivos universais não dão conta da singularidade de todos os *terroirs*. No entanto, a própria ideia de um dicionário científico desmorona se tivermos de incluir todos os produtos, levando em consideração cada dimensão de sua singularidade. Por seu lugar proeminente na indústria enológica global, o sistema de classificação dos vinhos franceses foi o primeiro a sofrer uma crise na era da globalização:

---

43. Cf. ECB, 174.
44. ECB, 175.

É interessante notar que a principal construção sistemática, capaz de garantir atributos mínimos do vinho, entra em crise no momento em que a produção vinícola se globaliza, evidenciando o seu caráter estritamente nacional. Nós nos referimos, é claro, ao sistema DOC [Denominação de Origem Controlada] francês[45].

Chegada a hora de uma globalização das economias e do consumo, o mercado do vinho teve de alterar, progressivamente, seu modelo de organização. A opção adotada foi nuançar o modelo do *terroir* a partir do modelo varietal, isto é, a variedade *genética* passou a ser o critério dominante[46]. Essa escolha está ligada à entrada de outros países – os do "Novo Mundo" – no mercado mundial do vinho. Dória vê nessa transição de um modelo para outro uma contribuição oferecida pela inclusão desses novos produtores:

> Talvez a grande contribuição dos produtores do Novo Mundo para o conhecimento dos vinhos tenha sido justamente "desconstruir" e dinamitar as categorias classificatórias e mercadológicas que se apoiavam no modelo das regiões demarcadas. [...] O Novo Mundo, ao contrário, não podendo concorrer com a singularidade das regiões demarcadas (afinal, de que valeria multiplicá-las ao infinito?), apoiou a sua estratégia na promoção de castas de uvas bem adaptadas aos seus territórios[47].

A situação atual do mercado do vinho conseguiu chamar a atenção para os diferentes tipos de uvas e de regiões, valorizando

---
45. ECB, 176.
46. Cf. CM, 80-81.
47. ECB, 176.

a semelhança e a diversidade, no interior de uma mesma casta. Essa diversidade tornou-se um ideal para os comerciantes. Sobre isso, Dória cita a avaliação de um importante crítico de vinhos norte-americano, Robert Parker:

> Se todos os vinhos tiverem o mesmo gosto, o setor será destruído. Quero que um Malbec da Argentina continue diferente de um da França. Acredito na preservação de produtores artesanais. Não é possível fazer grandes vinhos em estruturas industriais do tipo que computadores decidem a hora certa de cada processo. Quando a lógica corporativa prevalece, o vinho não tem individualidade nem alma[48].

Da parte dos consumidores, Dória fala de uma "reinserção da enogastronomia na vida cotidiana", o que leva a uma redefinição contínua das afinidades. Essa experiência fala de uma característica fundamental da humanidade: somos "mutantes ou portadores de gosto variável e sempre posto em xeque, pois o vinho deixa de ser apenas uma 'bebida' para se transformar em um modo gustativo de perceber o mundo"[49]. Isso desvela também um limite e um imperativo experiencial:

> É preciso que nos conformemos com a ideia de que não conhecemos tudo e de que o relato dos visitantes do "desconhecido" se assemelha, como sempre, a fantasias que valem por entreter, e não como substitutos da experiência. Sub-repticiamente é um novo gênero literário que se

---
48. ECB, 176-177.
49. ECB, 178.

impõe: o discurso sobre o vinho. Essa espécie de manuscritos encontrados em milhares de garrafas[50].

Essa breve apresentação da resposta do mundo vinícola à crise do *terroir*, na era da globalização, mostra que é sempre possível encontrar novas formas de compreender a singularidade de um produto, de modo relacional, quando alguma novidade emerge na história. Com essa esperança diante de nós, voltemos às bases do ato de cozinhar. Veremos os elementos que devem entrar em jogo na construção de um projeto de uma cozinheira e um cozinheiro.

Um projeto culinário pessoal: matéria, seleção e trabalho

O caminho que percorremos até agora ampliou nossa compreensão do fenômeno culinário, passando pela alta cozinha e pela enologia, que estão na origem da reflexão e da prática gastronômica, em relação com outros domínios da cultura. Devemos esse alargamento de horizontes à atenção voltada, em nossos dias, à diversidade de *terroirs*, à inclusão da tecnologia de ponta na cozinha e ao desejo de inovação, que também evidenciaram um desconforto diante da repetição industrial, do risco de intelectualização culinária e do elitismo gastronômico, que podem ignorar as fomes e os desejos de uma boa parte da população mundial. Essa expansão abala um sistema até então solidamente estabelecido. No entanto, quando deixamos de lado, temporariamente, os conflitos e as querelas

---

50. ECB, 179.

para olharmos simplesmente para as pessoas que estão no centro do ato de comer, nós nos damos conta de que os fundamentos da gastronomia continuam os mesmos:

> A teoria gastronômica é bastante simples em seus fundamentos. O indivíduo está sempre diante da cultura (a seleção social do que é comestível em um dado *habitat*), e o seu gosto se tece através de uma série de mediações: a família, os amigos e, mais modernamente, o *chef cuisine* dos restaurantes. Há sempre alguém que lhe mostra os caminhos a seguir na busca do prazer, desviando-o dos tabus alimentares até constituir a sua preferência pessoal em meio a tantas e variadas possibilidades. Depois, há o caminho a percorrer fugindo da monotonia que a reiteração das preferências cria. Claro, essa segunda trajetória é opcional[51].

Como vimos no capítulo anterior, Dória acredita que é indispensável devolver às cozinheiras e aos cozinheiros seu papel central no processo culinário, para evitar a decadência gastronômica. Por isso, sua obra reflexiva pretende ajudar seus leitores e leitoras a desenvolverem um projeto pessoal e consciente, bem como a adquirirem as competências práticas e intelectuais para realizá-lo. Sua formação sociológica – particularmente sua pesquisa sobre a recepção do darwinismo no Brasil[52] – modela seu olhar sobre a realidade gastronômica: nosso autor privilegia a *materialidade* do ato de cozinhar,

---

51. ECB, 259.
52. Dória, C. A., *Cadências e decadências do Brasil. O futuro da nação à sombra de Darwin, Haeckel e Spencer*, tese de doutorado em Sociologia, Unicamp, 2007. Disponível em: https://repositorio.unicamp.br/acervo/detalhe/429116. Acesso em: 10 nov. 2023.

os *processos de seleção* envolvidos nesse ato e as transformações produzidas pelo *trabalho* humano. A partir dessa perspectiva, Dória denuncia com firmeza certo "ultraculturalismo" presente no debate sobre as práticas culinárias. Ele afirma:

> Há uma disposição excessiva para considerar as atividades culinárias como diretamente tributárias da magia, do *ethos* de um povo, da tradição regional ou familiar e assim por diante, esquecendo que todos esses aspectos adjetivos *dependem* dos processos físico-químicos de transformação[53].

Para escutar o que a materialidade da cozinha tem a dizer, nosso autor propõe uma abordagem microssociológica, centrada "no que se passa no universo da cozinha como espaço de transformação de matérias-primas em alimentos"[54]. Sua perspectiva materialista procura "diferenciar o processo material da cozinha das suas dimensões simbólicas, das quais, hoje, se abusa bastante, eclipsando o fundamental"[55]. Não lhe interessam, *em primeiro lugar*, as narrativas, os preconceitos ou os valores partilhados por um grupo, mas ele se propõe a revisitar a arte culinária a partir das práticas *atuais*, dos hábitos alimentares *ativos*[56]. Essa abordagem não ignora o fato de que "cozinhar pode ser uma espécie de doação, uma forma de mesclar almas, tecendo uma rede de reciprocidades que tem o comer por eixo"[57], mas baseia-se em uma convicção:

---

53. CM, 18.
54. CM, 16.
55. CM, 15.
56. Cf. CM, 68.
57. CM, 19.

Tudo o que é extraculinário fica em suspenso e silencia no momento culinário. Mesmo quando os gostos, tabus etc. "dirigem" o projeto culinário e podem reaparecer diante do produto acabado como força ativa, vedando o consumo para esta ou aquela pessoa, esses aspectos *não entram diretamente no processo do fazer culinário*, como o ovo ou a farinha entram no bolo[58].

Para que prestemos atenção aos processos de seleção que ocorrem na cozinha, Dória apresenta-nos uma pequena arqueologia antropológica. Ele lembra que, se quisermos entender a produção da espécie humana ao longo da história – a hominização –, precisamos "considerar o desenvolvimento do tipo de alimentação que a espécie acabou adotando"[59]. Nosso autor defende a importância da diversidade alimentar nessa hominização. A esse respeito, ele cita o antropólogo norte-americano William R. Leonard:

Nossa espécie não se configurou para subsistir com uma dieta única e ótima. O que é notável no ser humano é a extraordinária variedade do que ele come. Somos capazes de viver em qualquer ecossistema do planeta, consumindo dietas elaboradas a partir da maioria dos animais, como no Ártico, até dietas derivadas dos tubérculos simples e grãos de cereais das altas montanhas dos Andes. Assim, a marca distintiva da evolução humana tem sido a diversidade de estratégias desenvolvidas para criar dietas que satisfaçam as necessidades do nosso metabolismo

---

58. CM, 154.
59. CM, 29.

particular e incrementem a eficiência com a qual extraímos energia e nutrientes do ambiente[60].

Para compreender melhor essa diversificação ligada a um modo humano de seleção, Dória reflete sobre a cultura a partir de uma perspectiva pouco explorada pelos darwinistas: a cultura seria "a própria evolução da seleção natural dos instintos sociais"[61]. O que isso significa? A evolução conduziria a um novo tipo de seleção: "Podemos compreender a cultura humana em termos darwinistas quando a própria seleção, que produz os instintos sociais humanos, apresenta a *capacidade nova de selecionar práticas antisselecionistas*"[62]. Dória faz eco aos estudos de Patrick Tort, um teórico francês do conhecimento, que chama esse mecanismo de "efeito reversível da evolução"[63]. A diversidade alimentar e humana estaria ligada a essa nova forma de seleção evidenciada pelo "paradoxo de Tort": o fato de que "a seleção natural se reverte, selecionando práticas antisselecionistas (passam a prevalecer aquelas que protegem o grupo, seus elementos mais débeis, a desenvolver-se a medicina etc.), aponta, segundo o autor, na direção de uma base material da moral"[64].

Essa abordagem microssociológica das práticas culinárias atuais – centrada na materialidade, no trabalho e na seleção (incluindo a seleção de práticas não selecionistas) – lançará

---

60. CM, 33.
61. CM, 31.
62. Dória, C. A., Um outro Darwin, IEA/USP, 22 mar. 2007, 12. Texto preparado para o *Ciclo Temático Evolução Darwiniana e Ciências Sociais*. Disponível em: http://www.iea.usp.br/noticias/doriaoutrodarwin.pdf. Acesso em: 10 nov. 2023.
63. Ibid., 12.
64. Ibid.

uma nova luz sobre as várias leituras do passado, fazendo aparecer outros elementos que um excesso simbólico poderia – ou, por várias razões, queria – ocultar. Ao mesmo tempo, ela ajudará as cozinheiras e os cozinheiros a prestarem atenção às dimensões mais íntimas e pessoais da formação de seu próprio horizonte gastronômico. Vejamos, então, como Dória nos apresenta os aspectos tangíveis e intangíveis do ato de cozinhar, com o objetivo de ajudar a renovar o movimento gastronômico no Brasil.

A FORMAÇÃO DE UMA IDENTIDADE CULINÁRIA: A COZINHEIRA E O COZINHEIRO NO CORAÇÃO DA CASA

PARTE DOIS

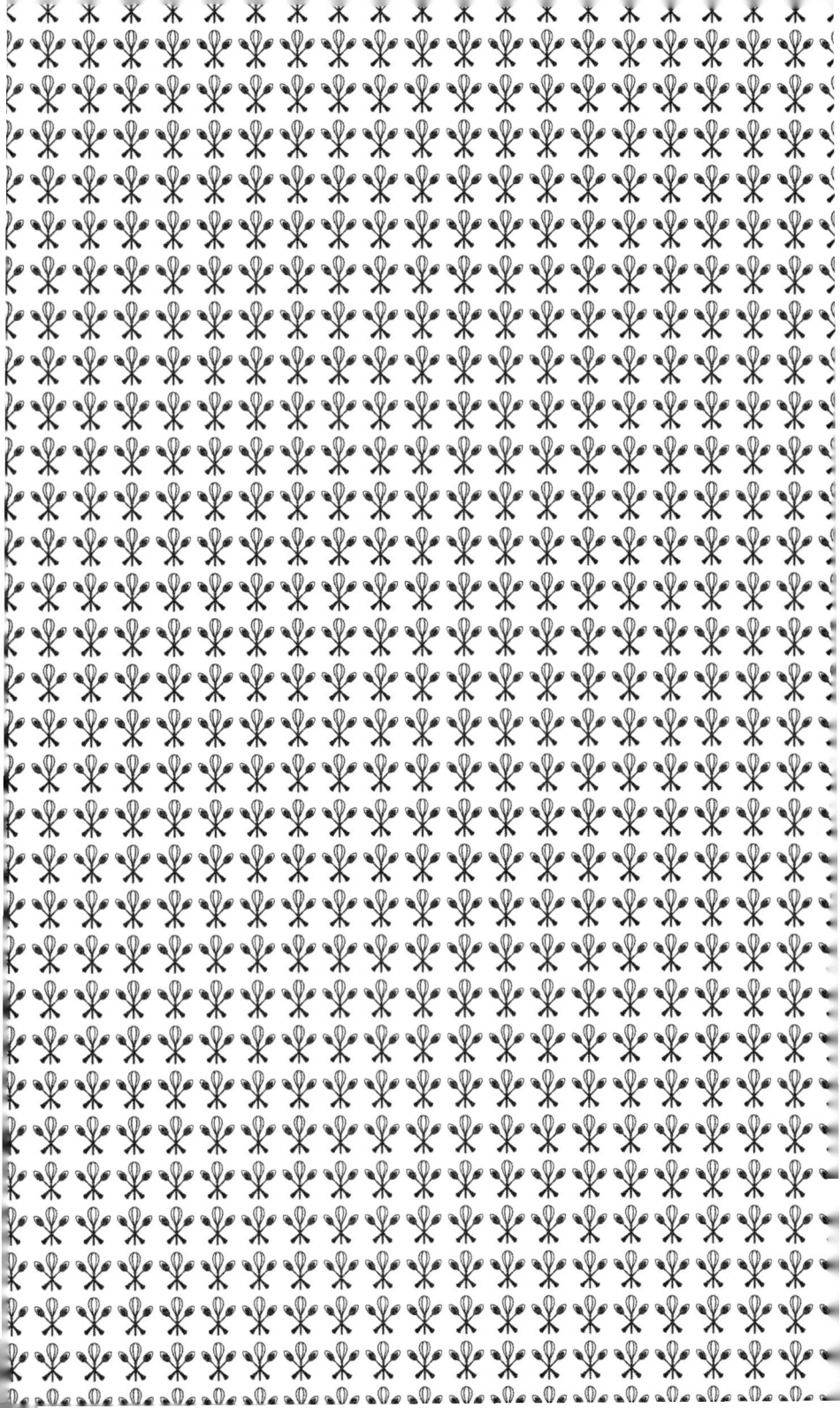

3

Compreender a transformação material: uma atividade tangível

Todos os dias, as cozinhas de nosso planeta funcionam como uma espécie de laboratório, onde profissionais e amadores fazem escolhas e transformam o mundo. Essas escolhas são sempre orientadas para a execução de um *projeto* culinário mais ou menos bem definido, como um prato ou uma refeição completa. A transformação corresponde à concretização desse projeto, graças a uma série de operações efetuadas durante o *momento* culinário. No entanto, mesmo os cozinheiros e as cozinheiras mais experientes talvez nem tenham consciência da diversidade dos elementos que eles convocam para alimentar a vida e dar um pouco de prazer a seus convidados. É, pois, necessário olhar mais de perto para as diferentes dimensões de sua responsabilidade, ligadas ao ato de cozinhar.

Como podemos nos aproximar, de forma ordenada, de todos os aspectos materiais que são articulados em uma cozinha? A estrutura das receitas modernas pode nos dar acesso à inteligência dos processos tangíveis e palpáveis que um cozinheiro e uma cozinheira têm de pôr em prática em seu gesto culinário. Esta é a sugestão analítica de Dória:

Sugerimos que as receitas modernas sejam tomadas como enunciados que contenham, necessariamente: a especificação de matérias-primas componentes; a quantificação das matérias-primas; a eleição de um ou mais processos de transformação; a ordem ou o encadeamento de gestos responsáveis pelo aparecimento do produto em certo nível tecnológico materializado em utensílios; os provérbios, truques ou *tours de main*, ou dicas para chegar ao bom resultado[1].

Deixando de lado, por agora, o último elemento referido – os provérbios, truques e *tours de main*, mais ligados à singularidade de quem escreve a receita –, vamos ver como Dória concebe os três elementos materiais que estão no centro de sua análise. Em primeiro lugar, as matérias-primas, que devem ser especificadas e quantificadas no processo culinário; em seguida, os processos técnicos de transformação; e, por fim, os gestos corporais, bem como sua cristalização em utensílios e ferramentas culinárias.

As matérias-primas: a convergência de duas histórias

A referência às matérias-primas coloca-nos diante da base culinária mais fundamental, pois não pode haver cozinha sem uma mistura de elementos naturais tomados como "ingredientes". A atenção de Dória à materialidade desses ingredientes também o leva a considerar a história dessas matérias-primas, a qual está completamente entrelaçada com a aventura humana nos quatro cantos do mundo. Nosso gastrônomo denuncia

---
1. CM, 158.

uma interpretação naturalista abusivamente presente nos movimentos culinários contemporâneos. Ele garante:

> Todos os ingredientes, mesmo os apresentados *in natura*, arrastam dentro de si uma história. Essa história é composta do trabalho humano que, ao longo dos séculos, arrancou aquela coisa da natureza, tornando-a útil pela genética do produto, especialmente pela seleção artificial (mais recentemente, inclua-se aí a transgenia) e pela nutrição. Há, portanto, no ingrediente, o resumo de uma história natural da coisa e de uma história social humana sobre sua utilização e transformação, especialmente sob domesticação[2].

Três ideias se conjugam nessa reflexão. A primeira identifica na transformação de uma "coisa" em ingrediente um processo de "desnaturação": o abandono de uma condição puramente natural para integrar um projeto alimentar humano. A segunda atribui esse processo a um esforço humano realizado ao longo da história, graças a uma sucessão de seleções ligadas à utilidade e à nutrição. O terceiro reconhece na materialidade atual de um simples ingrediente uma testemunha da convergência entre uma história natural e uma história social.

Para ouvir a voz potente dessa testemunha, nosso gastrônomo nos convida a identificar, na passagem da "biodiversidade" à condição de ingrediente, um verdadeiro "processo cultural" e a reconhecer que "a cultura, ao mesmo tempo que possibilita, limita seu uso"[3]. Limitações e possibilidades andam de mãos dadas: temos acesso a certos ingredientes porque eles foram

---

2. EBL, 30.
3. EBL, 210.

selecionados por nosso grupo cultural; e não reconhecemos como ingredientes aqueles que não foram selecionados. É por isso que Dória rejeita a oposição rígida sugerida por alguns analistas entre ingredientes (supostamente mais próximos da biodiversidade, como a fruta ou os legumes) e produtos (explicitamente trabalhados, como as compotas). Ele afirma:

> Esta é uma falsa oposição, pois não é possível pensar nenhum ingrediente como algo desprovido de história, como um pedaço da natureza em "estado puro". O trabalho humano, que conforma a natureza para o consumo alimentar, principia na identificação do que é útil[4].

A simples escolha de um ingrediente insere-se, portanto, em uma imensa cadeia de escolhas efetuadas pelos grupos que nos precederam. Por isso, é importante estarmos conscientes das raízes de nossas práticas culinárias pessoais, pois mesmo a consideração do que é comestível na natureza não é indiscutível. O que é um ingrediente – considerado bom e saboroso – para alguns grupos pode ser um tabu – considerado nocivo e repugnante – para outros. Nosso gastrônomo dá um exemplo a partir do contexto latino-americano:

> Espécies vegetais são nocivas ou benéficas, saborosas ou não, segundo uma experiência que, antes de ser individual, é grupal – às vezes tributária de milênios de experiências. Formigas são saborosas para quem não está submetido aos tabus que vedam insetos. A própria história da mandioca e como os indígenas conseguiram eliminar sua toxicidade,

---

4. EBL, 210.

tornando-a apta ao consumo, é um excelente exemplo do que dissemos. Nesse sentido preciso, a mandioca, mesmo *in natura* e porque cultivada, é um produto cultural milenar[5].

O início do processo de transformação culinária da natureza é, portanto, muito anterior ao trabalho de quem cozinha. Dória não está propondo, aqui, nenhuma hipótese nova. Mas, graças à sua insistência nesse ponto, podemos compreender que esse trabalho preparatório de seleção nem sempre é visto e reconhecido – talvez precisamente por causa de sua aparente evidência. O desconhecimento dessa cadeia de seleção da qual uma cozinheira e um cozinheiro fazem parte pode ter consequências na qualidade de seu trabalho e, com muito mais razão, no enriquecimento ou no empobrecimento gastronômico de seu grupo social.

As técnicas: um saber para transformar

Não pode haver cozinha sem uma escolha de matérias-primas. E as matérias-primas de que dispomos atualmente – quer sejam ingredientes simples, quer produtos mais ou menos elaborados – são o resultado de uma longa história de transformação. Então, o que há de específico na transformação que envolve o ato de cozinhar? No mundo inteiro existe, obviamente, uma diversidade de tradições culinárias, moldadas pela história, pela localização geográfica e pelos gostos específicos dos diferentes grupos culturais. Dentro dessa variedade de tradições, podemos identificar algumas características comuns, decorrentes do que Dória chama de "cozinha primitiva".

---

5. EBL, 210.

Em suas reflexões, o termo "primitivo" é utilizado como "sinônimo de procedimentos básicos, fundamentais, que nos chegam aos dias de hoje após terem atravessado milênios sem grandes transformações"[6]. A força dessa base culinária reside em sua simplicidade ou "na naturalidade do processo como um todo, e não na preocupação de controlar estritamente um ponto de cozimento"[7]. Eis alguns exemplos de procedimentos básicos, comuns às populações do passado e do presente em todo o mundo: "O hábito de assar a carne ou o legume diretamente sobre o fogo, ou a cocção simples, em água [...]. Ou, ainda, embrulhar o alimento e cozê-lo sobre a brasa ou enterrado sob a fogueira"[8].

Estamos, aqui, no campo das técnicas e tecnologias culinárias, que permitem a manipulação mais ou menos controlada de cada ingrediente: um tratamento que respeite suas qualidades (ou "virtudes"), o controle do tempo de cozimento, a manutenção da temperatura certa para o resultado desejado, as misturas agradáveis ao gosto dos comensais. Pensando em outro "primitivo", dessa vez doméstico, Dória recorda seu espanto infantil com algumas das habilidades de seus avós: sua avó, para fazer graça com os netos, invocava a "Maria Pororoca", uma personagem que teria o poder de transformar o milho em pipoca; seu avô, por sua vez, impressionava-o pela destreza com que descascava uma laranja[9].

A "magia" de sua avó escondia um conhecimento racional preciso. A destreza de seu avô era menos mágica, ainda que a aquisição dessa competência não fosse simples para os

---

6. UDC, 107.
7. UDC, 106.
8. UDC, 105-106.
9. Cf. CM, 175.

outros. Essa anedota familiar ajuda-nos a compreender a missão particular que nosso gastrônomo atribui à técnica culinária: "Desvendar antigos segredos colocando-os ao alcance de um número maior de pessoas"[10]. Para que isso seja possível, é necessário responder sistematicamente à questão sobre o "como": "Como picar, como descascar, como cozinhar com maior controle de temperatura e tempo; como trabalhar as texturas dos alimentos e assim por diante"[11].

No entanto, na cozinha – como em qualquer dimensão prática da vida –, é evidente que uma resposta teórica à questão sobre o "como" não é suficiente. Cortar, descascar, trabalhar as texturas... são palavras que remetem sempre aos gestos culinários. É exatamente isso o que afirma uma definição mais precisa, elaborada por Dória: "As técnicas culinárias são reuniões de gestos culinários que contribuem eficazmente para a realização de um projeto culinário, seja ele qual for"[12]. Aqui vemos, mais uma vez, a importância do horizonte dado por um projeto, que se torna o critério para julgar a eficácia dos gestos. Então, o que está exatamente em jogo em um gesto culinário?

Os gestos culinários: um corpo que se envolve

Tal como a transformação da natureza em matérias-primas e os procedimentos técnicos acima referidos, os gestos culinários carregam consigo uma longa história. Dória cita o antropólogo francês Lévi-Strauss, para oferecer uma apreciação mais ampla dos gestos humanos:

---
10. CM, 181.
11. CM, 181.
12. CM, 178.

Gestos aparentemente insignificantes, transmitidos de geração em geração, e protegidos por sua insignificância mesma, são testemunhos geralmente melhores do que jazidas arqueológicas ou monumentos figurados[13].

Os gestos culinários são testemunhas de uma memória corporal que se transmite de uma geração para a seguinte. Na cozinha, eles correspondem a "um movimento qualquer do corpo, um procedimento simples que executamos em direção a algo com o propósito de dar-lhe forma comestível"[14]. De fato, todo processo de transformação de uma matéria-prima em uma refeição requer um elevado nível de envolvimento físico por parte de quem cozinha; o corpo podendo, assim, ser considerado "o principal instrumento culinário"[15]. Mas, para poder transformar a matéria-prima em um prato de forma satisfatória, quem quer cozinhar bem não pode ter pressa, porque engajar o corpo na execução de um projeto exige um "longo processo"[16]. Aqui talvez resida a dificuldade mais significativa de uma atividade culinária. Mas não acontece também assim com outras atividades humanas dissociadas de uma necessidade imediata? É esta a interpretação de Dória:

> As técnicas são difíceis na medida em que são maneiras de empenharmos o nosso corpo em fazer alguma coisa, e,

---

13. FCB, 215.
14. CM, 177.
15. FCB, 216.
16. Dória, C. A., Flexionando o gênero. A subsunção do feminino no discurso moderno sobre o trabalho culinário. *Cadernos Pagu*, n. 39 (2012) 268.

portanto, pesam muito o hábito e o treino, assim como para um bailarino ou um musicista[17].

O hábito, o treino e a assimilação de um conjunto de gestos fazem parte do processo de envolvimento do corpo em uma prática culinária. Nesse processo, as mãos desempenham um papel central – por exemplo, nos gestos de descascar e cortar. A destreza das mãos é uma das garantias do bom trabalho de uma cozinheira e de um cozinheiro, porque "a habilidade na cozinha se mede [...] a partir do domínio dos gestos mais complexos ou que exigem a mais fina sintonia"[18].

Esses gestos são também uma fonte da memória coletiva de uma sociedade. Quando pensamos no abate e na depenagem das galinhas – gestos culinários que desapareceram das cidades modernas –, podemos concluir: "Um conjunto de gestos ou técnicas se perde quando a sociedade redefine o modo de produzir determinado bem comestível"[19]. De fato, a tomada de consciência das perdas e ganhos devidos à evolução das sociedades coloca-nos diante de algumas ambiguidades. A primeira ambiguidade diz respeito ao papel simbólico atribuído às mãos na arte culinária:

> Considerando como esses gestos se precipitam e dão nova forma às matérias-primas inertes, podemos dizer que as receitas reservam para as nossas mãos um papel específico: o de ressuscitar ou dar vida às matérias-primas mortas e estacionadas no supermercado ou em nosso refrigerador[20].

---

17. CM, 175.
18. CM, 155.
19. Dória, Flexionando o gênero, 268.
20. CM, 154.

Como sabemos, o ato de cozinhar está diretamente ligado à vida e à morte. Então, o que pode significar "dar vida" e "ressuscitar" no contexto efêmero de um exercício culinário? Todos os dias, seres vivos – vegetais e animais – perdem sua vida para preservar a vida de outros seres. Durante milênios, o abate fez parte do exercício culinário doméstico; por isso, a cozinha poderia ser considerada uma espécie de *patibulum*, um lugar de sacrifícios[21]. Mas a evolução moderna da cozinha, sobretudo nas grandes cidades, "acabou por excluir todo resquício sacrifical"[22], delegando esse gesto desagradável à pré-preparação industrial. Ao referir-se a uma análise social do escritor espanhol Manuel Vázquez Montalbán sobre os *gourmets*, Dória chama nossa atenção para as duas relações possíveis entre cozinha e "sacrifício": "Se já não é o lugar da sua realização, é o lugar da sua dissimulação"[23].

Uma segunda ambiguidade torna-se manifesta quando examinamos a adoção dos equipamentos nas cozinhas urbanas. Ao se referir à presença do forno de micro-ondas nas cozinhas modernas e à redução das exigências técnicas e gestuais associadas a esse utensílio culinário, nosso gastrônomo propõe, com uma boa dose de humor, algumas hipóteses sobre nossa relação com esse forno:

> A impessoalidade do micro-ondas parece produzir [...] uma comida "sem alma". Daí se entende sua presença imperiosa em quase todas as cozinhas domésticas: está lá para frisar, por contraste, a "humanidade" do cozinhar no velho fogão. O forno de micro-ondas, inativo, é um monumento a

---

21. Cf. CM, 150.
22. CM, 150.
23. CM, 150.

atestar o silenciamento da técnica que nos rouba o "calor" da cozinha doméstica[24].

Trata-se de um alerta: uma técnica culinária que não envolva o corpo corre o risco de produzir comida sem "alma", porque lhe faltam "calor" e "humanidade". No entanto, as cozinheiras e os cozinheiros precisam de equipamentos e utensílios que os ajudem em seu trabalho técnico. Na mais simples das cozinhas, há pelo menos uma panela e uma faca. O que podemos identificar na materialidade aparentemente silenciosa desses utensílios? Dória define os equipamentos e utensílios culinários como "gestos cristalizados em coisas (ferramentas)"[25]. Cada utensílio é "uma extensão da consciência e sua materialização em algo tomado como objeto ao mesmo tempo interno e externo, ou seja, como algo pensado e útil"[26].

Essa materialização orientada para uma ação útil torna-se possível "quando engenheiros são capazes de observar os gestos repetitivos da cozinha de determinada época, isolá-los e mecanizá-los"[27]. Esse processo de observação e de "mecanização" torna as competências gestuais acessíveis a quem não as possui. Segundo Dória, na invenção de um equipamento culinário, "há sempre um segredo que é violado e, nesse sentido, há uma democratização no fazer algo que antes era controlado por alguém"[28].

Nosso gastrônomo ilustra essa democratização com o exemplo do *fouet*. Ele conta: "Alguém inventou o *fouet* (batedor de arame) para bater claras. Antes disso, provavelmente, era quase impossível obter claras em neve com a leveza que elas têm

---

24. EBL, 153.
25. CM, 180.
26. CM, 180.
27. UDC, 311-312.
28. CM, 181.

hoje"[29]. No entanto, a fabricação de equipamentos culinários pode também cristalizar certas falsas crenças, em vez de um verdadeiro saber gestual, como no caso da batedeira elétrica: "A batedeira elétrica continuará a bater as claras com suas pás em formato de '8' (oito), movimento ao qual a tradição culinária atribuía o bom resultado, o que hoje se sabe que é totalmente improcedente"[30]. Além disso, os utensílios transmitem também uma visão. Orientados para uma finalidade, eles se abrem ao futuro: "A faca [é feita] para cortar e assim por diante. Ela cristaliza uma finalidade e transcende as circunstâncias particulares de uso, acumulando em si os usos futuros. Opera como um símbolo em uma linguagem que é muda"[31].

Essa base material – a articulação necessária entre ingredientes, técnicas, gestos e utensílios – pode ser encontrada nas mais variadas cozinhas, criadas pelos diferentes grupos humanos. Uma análise gastronômica à escuta dessa base comum pode, pouco a pouco, trazer à luz do dia a variação das vozes pessoais, domésticas e socioculturais, porque o ato de cozinhar não é uma repetição mecânica e fria. Existe uma ligação entre "engajar o corpo" e "cozinhar para alguém": o empenho de um homem ou de uma mulher na cozinha é "mais reconhecido e gratificante quando se faz como uma ode à subjetividade dos comensais"[32]. Assim, ao abordar o aspecto material com atenção, já é possível começar a tocar algumas das dimensões intangíveis e impalpáveis reveladas pela cozinha. A materialidade aparentemente silenciosa do mundo culinário tem muitas histórias para contar. Mas precisamos aprender a ouvi-las.

---

29. UDC, 186.
30. Dória, Flexionando o gênero, 265.
31. Ibid., 265-266.
32. Ibid., 269.

4

Identificar o *pathos* interior: uma apreciação intangível

O trabalho culinário realiza a transformação de matérias-primas em alimentos, utilizando um conjunto de procedimentos selecionados e aplicados aos ingredientes. A escolha pessoal é um elemento onipresente em todas as etapas desse trabalho, porque não existe um princípio universal preestabelecido para associar os ingredientes acessíveis, as técnicas conhecidas e os utensílios disponíveis. Para a preparação de cada prato, do mais simples ao mais sofisticado, devemos fazer um número considerável de escolhas. Se considerarmos que essas escolhas nem sempre são feitas de forma refletida, é legítimo se interrogar: como os critérios de escolha culinária são formados dentro da pessoa que cozinha? Em que bases intangíveis ela se apoia para articular os elementos tangíveis de que dispõe?

Mesmo defendendo o valor de uma abordagem materialista do ato de cozinhar – graças, especialmente, às investigações físico-químicas –, Dória não limita sua reflexão aos elementos apresentados no capítulo anterior. Com o objetivo de ampliar o olhar e propor uma reflexão sobre a dimensão intangível da cozinha, ele refere-se a um jeito de sentir, um *"pathos* culinário", que se manifesta nessa atividade:

> O risco de estarmos diante de uma "estética sem linguagem" é evidente. É necessário, portanto, além de observar as reações físico-químicas que se processam na panela, indagar-se sobre o *pathos* culinário, sem o que essa arte específica inexiste[1].

Três dimensões da formação ou da aplicação dessa espécie de "afeição" ou "paixão" são frequentes nas reflexões de Dória: em primeiro lugar, o papel desempenhado pela dimensão afetiva na formação da cultura alimentar de cada um; em segundo lugar, a importância da memória gustativa; e, por último, uma visão intersubjetiva, que descentra o cozinheiro e a cozinheira de seu gosto pessoal.

A afetividade: a base relacional da apreciação culinária

"Gosto não se discute!", diz um conhecido ditado popular. Esse provérbio atesta a consciência coletiva do caráter radicalmente subjetivo do juízo gustativo. Ao mesmo tempo, nossa apreciação culinária pode ser – e, de fato, é – compartilhada com os outros, particularmente com aqueles que nos são mais próximos. Isso pode ser facilmente observado quando dois grupos culturais distintos são colocados frente a frente. Referindo-se ao desgosto dos ameríndios pela comida oferecida pelos

---

1. ECB, 82.

portugueses, no início da colonização do Brasil, nosso gastrônomo observa:

> O bom, o belo e o agradável nos levam a aceitar ou rejeitar um alimento, de sorte que não há outro caminho senão procurar entender como esse agradável comestível se forma em nós também no plano cultural².

Isso nos remete ao jogo de relações que constituem uma complexa identidade culinária pessoal. Nossa apreciação de um gosto ou de um cheiro estará ligada a esse jogo relacional, bem como a experiências profundamente pessoais, marcadas por uma forte carga emocional. Dória dá um exemplo um pouco extremo, mas muito revelador. Ele afirma que o sentido global que uma pessoa dá a uma experiência gustativa e olfativa ligada às flores será ancorada, por exemplo, na "primeira percepção do cheiro de rosas, seja ela associada à intimidade da criança com a mãe ou associada ao funeral da própria mãe"³. A percepção de um gosto ou de um cheiro pode, portanto, evocar a vida e a intimidade ou a perda e a morte.

Outra dimensão da formação de um juízo gustativo pode ser identificada na lenta constituição do sentimento de pertença de um "eu" a um "nós". Essa ligação permite que cada um se aproprie, simbolicamente, das competências de alguém que lhe é próximo, mesmo que ainda não as tenha adquirido pessoalmente. Referindo-se a uma memória de sua infância, Dória fala de um tio que cozinhava muito bem: "Eu achava aquilo uma habilidade tremenda. Uma habilidade familiar, de sorte

---

2. CM, 193.
3. CM, 208.

que, se 'eu' não cozinhava, havia um 'nós' do qual eu participava e que cozinhava admiravelmente"[4].

A afetividade não permite apenas a formação de um gosto ou de uma autoimagem ligados a um grupo. Ela também desempenha um papel na definição das fronteiras e dos interditos. Conhecemos bem as proibições explícitas, relacionadas às práticas religiosas. Mas podemos pensar, também, em "interditos" ligados a gostos familiares, como em casas onde as pessoas não gostam de comer miúdos ou mariscos. Além disso, há ainda outro tipo de proibição, associado aos melhores pratos feitos por alguém que amamos. Dória refere-se a uma experiência pessoal: há "coisas assim que, por serem muito próximas, são como tabus para mim e sou incapaz de repetir, mesmo que tenha me tornado um bom copista em geral"[5].

A formação de um juízo gustativo não se limita ao ambiente familiar. Ao buscar outras razões que influenciam a construção coletiva do gosto, Dória menciona um segundo nível, ligado a outra rede afetiva. Ele fala de uma experiência de transformação gustativa entre os jovens, em relação com seus amigos:

> Muitos jovens começam a tomar chope e não gostam do amargo da bebida. Com o tempo, passam a gostar, e essa é uma forma de se integrarem no grupo de amigos – todos tomadores de chope. Pode ser que depois venham a se transformar em *gourmets*, e muito provavelmente adorarão experimentar novidades, evitando repetir e se afastando daquele tipo de gosto conservador que a deliciosa lembrança da comida caseira excita[6].

---

4. ECB, 28.
5. ECB, 30.
6. CM, 195.

Percebemos, então, que a integração em outro grupo – dessa vez um grupo escolhido pessoalmente – pode provocar um deslocamento na apreciação gustativa. No exemplo dado, notamos que essa mudança acompanha uma transição em uma fase da vida: a passagem da infância para a juventude. Dória vê nesse primeiro deslocamento a possibilidade de apreciar as explorações futuras. É o início de uma abertura a novos gostos mais afastados das memórias familiares, que tendem a formar em nós um "gosto conservador".

Um terceiro nível emocional não está diretamente ligado à família ou aos amigos. Dória fala de uma relação afetiva com os alimentos "da terra": "Talvez o aspecto mais importante do processo de reconhecimento dos ingredientes e modos de fazer seja o vínculo afetivo com a comida dita da terra"[7]. O enraizamento afetivo do gosto estende-se, assim, à ideia de nação. Nosso gastrônomo vê na "vontade de comer" certas coisas, feitas de certa maneira, uma ligação emocional com a "vontade de pertencer" a um povo e com a "vontade de obedecer", características próprias dos Estados modernos[8].

No entanto, essa força afetiva é ameaçada pelas mudanças sociais das sociedades industriais modernas. O risco da massificação dos sabores é real – e, com essa massificação, o risco da perda e do esquecimento dos patrimônios gustativos:

> A questão, portanto, é: onde apoiamos a nossa identidade, a nossa individualidade como pessoas que buscam o prazer ao comer? Sem dúvida, o hábito de comer fora e

---

7. FCB, 195-196.
8. Cf. FCB, 24-25.

a entrega à fórmula fácil da "alimentação" *fast-food* vão corroendo as bases afetivas da culinária. De geração em geração, gostos particulares e familiares vão sendo esquecidos, substituídos por sabores massificados[9].

Em um apelo à vigilância, com o objetivo de inverter essa tendência à massificação do gosto, nosso gastrônomo não hesita em apelar para as emoções de sua leitora e de seu leitor. Ele faz isso provocando sua memória da experiência do vazio, da ausência e da perda:

> É melhor que cada um se dedique a colecionar as receitas de família que aprecia, a aprender no âmbito familiar a melhor maneira de executá-las, os *tours de main* ou truques, realizando-as nas ocasiões festivas em que sempre chegavam à mesa trazidas pela mãe, pela avó, por uma tia ou por outro parente mais distante. Não é verdade que um grande vazio se instaura na família quando esses entes queridos, por alguma razão, deixam de fazer aquele prato tradicional? Isso é a cozinha afetiva, cuja continuidade depende da vigilância familiar de cada um de nós[10].

Essa convocação da memória afetiva – da alegria da festa e do vazio deixado por uma ausência – conduz-nos a uma segunda dimensão intangível de nossas práticas culinárias: a "memória gustativa".

---

9. UDC, 121.
10. UDC, 121.

A memória gustativa: as raízes de um horizonte de sabores

Nossa memória gustativa, intimamente ligada à dimensão afetiva da formação do gosto, desempenha um papel muito importante na cozinha. Essa memória remete a uma experiência de presença e de ausência, como no famoso caso da *madeleine* de Proust: "A lembrança dessa pequena iguaria de sua infância estrutura toda a narrativa sobre o passado como um 'tempo perdido'"[11]. Nosso gastrônomo vê nessa página da literatura francesa um belo exemplo da ligação entre a cozinha afetiva, a memória, a formação de nossa subjetividade e de nossa percepção do mundo, de um ponto de vista gustativo[12].

A força afetiva de nossas relações familiares é acompanhada pela força da memória de um prato ou de um sabor particular, ligados a uma relação com pessoas concretas:

> Aquele macarrão da *mamma*, sempre insuperável na nossa memória (o que faz que a publicidade use e abuse dessa metáfora), é objeto de uma série de histórias familiares, que quase sempre destacam a incapacidade dos demais (da nora, por exemplo!) em superar o seu sabor inigualável. Esse elemento não racional, afetivo, é o limite da criatividade gastronômica. Ele educa nosso paladar de maneira totalmente original – tornando-nos distintos uns dos outros na medida em que nossas histórias afetivas são experiências únicas[13].

---
11. UDC, 119.
12. Cf. UDC, 119.
13. UDC, 119-120.

Essa memória funciona como um "guia" que nos conduz a uma busca paradoxal: tentar tornar possível a *transmissão* e a *partilha* de *experiências únicas e irrepetíveis* por meio da comida. Mesmo as transições relacionais ou temporais às quais nos referimos anteriormente – da família para o círculo de amigos, da infância para a juventude – não são capazes de diminuir a potência dessa memória. Segundo Dória, a evolução técnica, tão importante para quem cozinha, permanecerá sempre vinculada a essas experiências fundantes: "Podemos 'evoluir' tecnicamente, mas nossa memória sempre trará de volta o sabor da infância, aquele toque afetivo que nenhuma técnica jamais poderá substituir"[14].

Essa memória, mais ou menos vaga e nebulosa, é um solo fértil onde pode crescer algo mais específico, como um "conceito" ou um projeto culinário particular. No entanto, ela não se explica apenas pela afetividade familiar. Nossa memória gustativa é também moldada por um enraizamento geográfico, à base daquilo que Dória chama de "cozinha regional", muito diversificada na extensão do território de um país: "A cozinha regional é, nesse sentido, de uma riqueza ímpar. Sobre ela apoia-se muito de nossa memória gustativa – que é o alicerce de nossos horizontes de sabores"[15]. Em um nível mais ampliado do que a família, essa cozinha regional cria "um espaço de 'pertencimento' dos comensais"[16].

A região – mais do que a nação – é o espaço geográfico ligado à memória gustativa. É por isso que a relação entre uma identidade culinária e uma cozinha nacional tem menos

---

14. UDC, 120.
15. UDC, 110.
16. UDC, 110.

a ver com a memória e mais com as "preferências" comuns a um grupo:

> Por vezes, determinado prato é algo tão representativo da identidade nacional como a própria língua. Ele pode ser reivindicado por todos os habitantes de um país em contraste com as tradições culinárias de outras nações. [...] Ou seja, constrói-se a identidade nacional por meio do gosto entendido como "preferência"[17].

Essa aproximação entre prato e linguagem, para fazer referência a uma identidade partilhada com os outros, lembra-nos de que a cozinha é, também, um *meio* de comunicação. Isso nos leva a considerar uma terceira e última dimensão intangível que orienta as escolhas e as práticas culinárias: com quem queremos nos comunicar quando cozinhamos?

Um ato orientado: cozinhar para o outro

Uma análise das práticas culinárias com foco na cozinheira e no cozinheiro – suas raízes familiares, sociais e geográficas; seus gostos e suas escolhas; a formação de sua identidade culinária – põe em evidência os diferentes níveis de sua abertura ao mundo: o "outro" é onipresente no gesto culinário. Esse "outro" manifesta-se na forma material dos ingredientes e dos utensílios, na execução de técnicas e de gestos aprendidos, na presença afetiva de uma memória gustativa – tudo isso de uma maneira não necessariamente explícita e

---

17. UDC, 116-117.

consciente. Mas há, no gesto culinário, um "outro" explícito e escolhido: aquele a quem queremos dedicar o fruto desse esforço feito na cozinha.

Dória diz que o ato de cozinhar traz sempre em si uma visão: cozinhar para o outro. Trata-se de um ato motivado e moldado pela simpatia: "Não temos o instinto de tomar a cozinha como algo egoísta. Não estamos sós ao cozinhar ou comer"[18]. Se isso for verdade, então o sucesso de um cozinheiro e de uma cozinheira não depende apenas de seu gosto, de sua habilidade técnica e de seu acesso a bons produtos e ingredientes. É necessário outro tipo de conhecimento: "Quando se cozinha *para o outro*, temos maior sucesso se soubermos o seu gosto e [se tivermos] perícia técnica para chegar a ele"[19].

Ao lado dos elementos afetivos que estão na base do horizonte de sabores de cada um, Dória atribui a força da cozinha doméstica, conhecida como cozinha "feminina", a esse ato intencionalmente orientado:

> A cozinha feminina, doméstica, é a cozinha das idiossincrasias, das especificidades, pois se cozinha "para o outro", que é sempre um outro concreto, conhecido em sua subjetividade e, portanto, singular. A cozinha das mães e avós é de valor singular incontestável[20].

Essa atenção ao "singular" não é evidente. É algo que se aprende com o tempo, como no caso das mães: "As mães aprenderam o gosto de cada filho para o ponto do bife, do ovo frito;

---

18. EBL, 44.
19. EBL, 57.
20. FCB, 220.

o tempero do feijão, a cocção do arroz; as preferências de sobremesas etc."[21]. Assim, para além do gosto pessoal, a atenção ao gosto dos outros é também fundamental para um bom trabalho culinário:

> Quando preparamos uma festa infantil ou recebemos uma pessoa muito íntima cujas preferências alimentares conhecemos, o ato de cozinhar será aquele que nos levará o mais próximo possível, respectivamente, do "gosto infantil" ou do gosto do nosso convidado. Em outras palavras, procuramos traduzir por meio do ato de cozinhar a afeição que nos move[22].

A cozinha parece, assim, ser um *meio* favorável para levar alegria aos outros, com base em nossa própria personalidade, caráter e estilo enraizados em um contexto. Mas como é possível conciliar, de modo justo, todos os elementos tangíveis e intangíveis envolvidos no ato culinário? O risco de fracasso é real. Felizmente, todos podem contar com a ajuda de certos "guias" na realização de um projeto culinário pessoal, favorecendo que essa "passagem de si ao outro" seja bem-sucedida e fonte de alegria para todos.

---

21. FCB, 221.
22. UDC, 149.

5

Aprender a unificar o tangível e o intangível: os guias culinários

A intenção de "guiar" – e sobretudo de ajudar a escolher os melhores guias – perpassa a obra de Dória. Vemos isso, por exemplo, no livro que ele escreveu com o *chef* Alex Atala. Para apresentar seu pensamento, os dois autores poderiam ter escolhido a forma de um "tratado" gastronômico. Mas seu objetivo era introduzir as leitoras e os leitores na difícil arte de seguir seu próprio caminho na cozinha, dando-lhes acesso aos conhecimentos e às práticas disponíveis atualmente. Eles afirmam:

> Longe de ser um tratado sobre gastronomia, é um guia e uma introdução à gastronomia *atual* – aquela que corresponde a um conjunto de procedimentos e novos gestos culinários em processo de aceitação ampla e com o objetivo de potencializar o prazer que o comer pode propiciar, considerando a variedade de costumes, preferências individuais e tecnologias[1].

---

1. UDC, 14.

Em suas obras, nosso gastrônomo está particularmente atento a dois tipos de guias, apreciados diversamente por quem cozinha e pelos teóricos da gastronomia: as receitas e o gosto pessoal. Ambos trazem em si uma espécie de síntese dos elementos tangíveis e intangíveis da cozinha. Vamos nos debruçar sobre as especificidades de cada um desses dois guias, buscando identificar e destacar suas forças e fragilidades. Isso nos levará, por fim, à análise de outro guia que surgiu em nosso tempo: a degustação.

A receita como guia-testemunha: um caminho exterior

Os livros de receitas fazem parte da história culinária de cada família e de cada país. Já antes da existência dos livros, a transmissão oral era responsável pela passagem dos conhecimentos culinários de geração em geração. Mas que papel desempenha esse "guia" na reflexão e na prática gastronômica moderna? Para um investigador, o exame da variedade e da evolução das receitas partilhadas por um grupo humano dá acesso a vários níveis de uma cultura:

> A receita resume a cultura alimentar: o cultivo ou a adoção de matérias-primas; os modos de tratamento da matéria-prima, da produção até o consumo; as práticas sociais subjacentes à execução de uma receita e ao consumo de um prato; as avaliações subjetivas de determinada preparação culinária; as "origens étnicas" dos componentes de uma receita; as transformações das receitas por desnaturação,

"degeneração", substituição de matérias-primas, deslocamentos contextuais etc.[2].

A análise das receitas é, portanto, um bom guia para ter acesso a certo conhecimento do passado e do presente de uma família, de uma região ou de um povo, pois "permite conhecer fragmentariamente estilos de vida, vestígios de cultura material, filosofias encarnadas e toda sorte de informações que um relato pode fornecer, quando relacionado com o seu contexto"[3]. Nesse caso, Dória considera que as receitas devem ser recebidas e lidas como a "narrativa" fragmentária de uma relação contextual com o mundo.

Mas as receitas não são escritas para investigadores. Elas destinam-se às pessoas que cozinham, com a intenção de guiá-las nos passos envolvidos na preparação de um prato. Desse ponto de vista prático, Dória as vê como "uma espécie de caminho ou *via crucis* para a construção do gosto, como uma linguagem que liga quem cozinha a quem come por meio de um intermediário material – o alimento"[4]. Esse caminho proposto por uma receita indica "conjuntos de gestos que, ao final, plasmam produtos", mas, ao mesmo tempo, corresponde "a modos rígidos de apropriação da biodiversidade"[5].

Se as receitas sugerem um caminho, elas revelam também uma pretensão: desempenhar um papel metodológico na cozinha. Isso pode ajudar aqueles que estão começando a explorar o mundo culinário. Por outro lado, Dória alerta para um risco frequente na relação das pessoas com uma receita:

2. CM, 157.
3. CM, 156.
4. CM, 21-22.
5. FCB, 91.

"É comum as pessoas entenderem o ato de cozinhar como sinônimo de executar uma receita. Como se a cozinha fosse um laboratório de aviamento"[6]. Em sua opinião, utilizar as receitas como ponto de partida para ganhar maior familiaridade com o ato de cozinhar é uma armadilha, porque "a noção de que os saberes culinários são transmitidos primordialmente por meio das receitas está longe de ser verdadeira"[7].

As receitas não devem ser a porta de entrada para quem quer cozinhar, pois, para um aprendiz de cozinha, conhecer e praticar os procedimentos e técnicas culinárias, bem como conhecer a cultura à qual esses procedimentos e técnicas estão ligados, têm mais utilidade do que aprender a executar fórmulas[8]. Isso não quer dizer que as receitas não tenham valor prático: elas se tornam mais úteis à medida que a cozinheira e o cozinheiro passam a conhecer melhor as nuances da prática culinária. Ao comparar a cozinha com a linguagem, Dória vê o livro de receitas como um lugar onde o conhecimento é sistematizado, de modo semelhante a uma gramática:

> Extremismos à parte, um livro de receitas tem a mesma utilidade de uma gramática quando se deseja aprender uma língua: muito pouca. Ambos são mais úteis quando a culinária e o idioma, respectivamente, já são razoavelmente

---

6. UDC, 249-250.
7. CM, 22. Para confirmar isso, Dória sugere uma experiência: basta pedir às cozinheiras e aos cozinheiros da brigada de um *chef* que preparem uma torta a partir da mesma receita. O resultado é previsível: "Podemos apostar que as interpretações da torta, cuja receita é, aparentemente, simples e unívoca, serão tantas quantos forem os membros da brigada desse *chef*" (CM, 137).
8. Cf. UDC, 252.

conhecidos, mas não são a porta de entrada nem da cozinha nem para o aprendizado de uma língua.

Uma conclusão deve ser tirada: nenhum guia deve ocupar o lugar reservado à experiência da pessoa-aprendiz. Segundo Dória, esse lugar exige um mergulho decidido no método da tentativa e do erro, bem como no exercício de paciência que deve acompanhar esse processo[9]. No entanto, uma vez introduzida no esforço culinário por meio da prática, a pessoa que cozinha encontrará a relação correta com as receitas: dar-lhe acesso à memória ordenada do trabalho concreto de outros cozinheiros e cozinheiras mais experientes – e não a uma forma correta e exclusiva de fazer um prato[10]. Além disso, se voltarmos aos aspectos afetivos do ambiente familiar, os velhos livros de receitas – que eram como uma herança passada de mãe para filha – podem ser preservados e celebrados como uma testemunha culinária do jeito de ser de uma família: "O segredo da sua singularidade"[11].

O gosto como guia-explorador: uma *gestalt* interior

O "gosto" é outro guia culinário. Segundo Dória, o uso dessa palavra em português é, com frequência, identificado com a noção de sabor. Ao considerá-lo como um atributo natural das coisas, essa compreensão negligencia a mediação cultural que está na base da formação do gosto em nós[12]. Esse não é o

---

9. Cf. UDC, 253.
10. Cf. EBL, 147.
11. CM, 154.
12. ECB, 18.

caso de outras línguas, como o francês e o inglês. Em francês, a palavra refere-se a uma "sensação global que se apossa daquele que come, fruto de uma estimulação multidimensional e simultânea"[13]. Em inglês, *flavor* – ao contrário de *taste* – refere-se à "mistura complexa de estímulos sensoriais compostos pelo sabor (gustação), cheiro (olfatação) e a sensação tátil do alimento"[14].

Deixando para trás a visão demasiadamente estreita do gosto como o sabor das coisas[15], Dória avança para a complexidade de uma estimulação multidimensional:

> Em termos modernos, o *gosto* é uma complexa fusão de estímulos sensoriais compostos pelo *sabor* (gustação), pelo *aroma* ("olfatação"), pela percepção de *formas, volumes e cores* (visão) e pela sensação tátil do alimento sendo mastigado, conhecida como *sensação bucal*[16].

O gosto possui, assim, uma enorme capacidade de síntese, sendo uma experiência formada graças à relação entre uma dimensão objetiva – "o mundo das coisas e das nossas aptidões fisiológicas para percebê-lo" – e uma dimensão subjetiva – "dos nossos valores, crenças e preferências individuais"[17]. A relação singular entre essa dupla dimensão, na apreciação gustativa de cada um, está na origem de um fenômeno extremamente rico: de fato, "o gosto varia de indivíduo para indivíduo, entre

---

13. ECB, 17-18.
14. ECB, 76.
15. Isso correspondia à antiga fisiologia do gosto, de Brillat-Savarin (cf. ECB, 72).
16. CM, 193.
17. CM, 194.

as diferentes idades de um mesmo indivíduo, entre as classes sociais, de cultura para cultura e de uma época para outra na mesma cultura"[18]. Com base nas preferências e nas rejeições, ele ajuda a delimitar as fronteiras entre as culturas, bem como as variações individuais no interior de uma mesma cultura[19].

É por isso que, segundo Dória, o gosto é uma espécie de "juízo quase instintivo que se forma diante do alimento"[20], ou ainda uma *gestalt*: "Uma percepção carregada de significado, única para cada indivíduo"[21]. Em cada apreciação gustativa, há uma síntese corporal, realizada por sensações fisiológicas, e uma síntese perceptiva, que dá um significado singular à experiência feita. Dória considera a investigação sobre as relações no interior desse conjunto – sensações-sentido – como o fundamento da gastronomia moderna, que procura produzir uma surpresa a partir de um novo arranjo:

> Todas essas determinações – fisiológicas, culturais, históricas, geográficas – são ingredientes de construção do gosto dos alimentos; o rearranjo desses elementos pode criar um descompasso, um "ruído" nos registros costumeiros, constituindo a "surpresa", ou seja, a criação. Conhecer esses

---

18. CM, 195.
19. Cf. CM, 196.
20. CM, 197-198.
21. CM, 208. Para entender melhor essa afirmação, "convém lembrar, resumidamente, que a teoria da *gestalt* afirma que não se pode ter conhecimento do todo através das partes e, sim, que se chega a elas por intermédio do todo; que os conjuntos possuem leis próprias e estas regem seus elementos (e não o contrário, como se pensava antes); e que só mediante a percepção da totalidade é que o cérebro pode de fato conhecer, decodificar e assimilar uma imagem ou um conceito" (CM, 208).

elementos, portanto, mais do que qualquer receita, é o fundamento das modernas culinária e gastronomia[22].

O assunto é complexo, e o campo de pesquisa permanece aberto[23]. Mas podemos reter que o gosto não é apenas um *campo* de trabalho – trabalhado por uma determinada cultura –, mas é, também, um *agente* de trabalho – trabalhando para unificar os múltiplos estímulos vindos do exterior[24]. Trata-se de um trabalho para proteger a vida, porque o gosto tenta nos afastar dos riscos alimentares, reconhecendo, por exemplo, o amargor dos elementos tóxicos ou o sabor azedo de alimentos estragados:

> Nesse sentido, a nova fisiologia do gosto nos mostra como o elo entre o prazer/desprazer se estabelece como base do fenômeno da aprendizagem e da aversão a um sabor, a partir do risco que sinaliza para o organismo[25].

Dória considera que esse segundo guia – extremamente personalizado e flexível – está mais a serviço do progresso gastronômico do que o primeiro, mas sob a condição de que o cozinheiro e a cozinheira nunca se limitem a uma primeira impressão. É preciso passar de uma apreciação imediata e infantil para um gosto reflexivo[26]. Um bom guia também se deixa instruir. Para isso, convém compreender o papel moderno dessa experiência que chamamos de "degustação".

---

22. CM, 211.
23. Por exemplo, Dória vê os cheiros como "um imenso território a explorar e entender, como os sabores" (EBL, 63).
24. Cf. ECB, 75 e 79.
25. CM, 205.
26. CM, 214.

A degustação: uma passagem para o gosto reflexivo

Dória observa, na atualidade brasileira, certa moda que estimula as pessoas a querer degustar tudo: "Vinho, café, chocolate, uísque, cachaça, sal, azeite e até água"[27]. Em sua opinião, isso revela uma tendência a procurar guias confiáveis, para se aventurar na incerteza dos múltiplos sabores[28]. É, de fato, uma busca de iniciação que visa a uma apreciação gustativa mais alargada e uma abertura à multiplicidade. Segundo o gastrônomo, o surgimento da palavra *déguster* – que aparece na França no início do século XIX – testemunha uma nova concepção do gosto: ele "não é algo imediato e irrefletido"[29].

É verdade que a experiência gustativa é sempre radicalmente pessoal e única, mas ela também faz parte de um processo de educação. Em um contexto moderno, podemos dizer que "o gosto é a expressão da educação do paladar e dos demais sentidos, conformados culturalmente para a apreciação do que comemos"[30]. Basta pensar nos diferentes níveis de tolerância ao sabor picante, ligados à pertença a um determinado grupo cultural: mesmo que nossas papilas gustativas sejam fisiologicamente semelhantes, "elas apenas 'interpretam' o mundo de modo diferente, e é conveniente tentar descobrir o porquê"[31]. Além disso, é interessante considerar por que razão as crianças de uma mesma família – portanto, sujeitas a uma educação gustativa semelhante – desenvolvem gostos diferentes[32].

---

27. CM, 213.
28. Cf. CM, 214.
29. CM, 214.
30. CM, 196.
31. CM, 195.
32. Cf. ECB, 69.

Sem negar nem diminuir a experiência fundante de cada um, a degustação permite o acesso a novos sabores, até então desconhecidos. Mas ela também nos leva a desenvolver uma nova relação com sabores bem conhecidos, graças à identificação de uma multiplicidade de sensações escondidas por uma impressão demasiado imediata de unidade:

> Degustar é uma prática que nos leva à fronteira onde parece que vamos perder a simplicidade de uma sensação cristalina em troca da complexidade, que, a rigor, não permite vislumbrar um final. Degustar é tomar o paladar como um sentido relativamente autônomo que, no entanto, precisa ser educado para nos conduzir até a multiplicidade das coisas que se escondem por trás da unidade ilusória de sabores. O paladar, guiado pela degustação, é como o cego a quem desejamos levar a reconhecer a luz[33].

O que está em jogo é claro: podemos acessar uma multiplicidade escondida nas coisas, mas isso não corresponde à nossa experiência imediata; para alcançá-la, temos de abandonar a segurança de uma unidade aparente. Graças à concepção moderna do gosto, essa passagem metafórica da cegueira à luz pressupõe outra unificação: a do ser humano inteiro, indo da totalidade dos sentidos corporais até a palavra. Dória afirma:

> O paladar já não é o cego a quem ensinamos a reconhecer a luz. A superação da cegueira não encontra solução no olho, mas nos demais sentidos. Do mesmo modo, o gosto se enraíza na totalidade do ser e – por que não dizer – no próprio discurso sobre a comida. Nessa nova condição, o paladar se torna

---

33. CM, 214.

um guia exploratório do mundo, deixando na sua pré-história a fase na qual era o identificador de quatro sabores[34].

Isso nos leva a uma noção importante na análise gastronômica de Dória: o gosto pessoal – uma apreciação corporal moldada pela mediação afetiva e cultural – é um guia exploratório do mundo, mas ele precisa ser guiado para se tornar reflexivo e desenvolver todo o seu potencial. Dessa forma, a gastronomia se apresenta como "uma busca incessante empreendida por pessoas dentro do espaço delimitado da cozinha – doméstica ou de restaurantes – e que sempre chega a resultados provisórios"[35]. Para que essa busca não cesse, e os resultados provisórios sejam superados, nenhuma receita, nenhum profissional da degustação, nenhum *chef* de cozinha pode impedir um novo cozinheiro e uma nova cozinheira de se lançarem em uma nova viagem – a deles –, com base na própria experiência pessoal e em seus projetos culinários livremente escolhidos.

* * *

As duas primeiras partes de nosso itinerário ajudaram-nos a ver como o movimento gastronômico contemporâneo procura articular o que é único – o reconhecimento de um *terroir* – e o que é comum – o conhecimento empírico da tecnologia. Também identificamos e nomeamos a crise criada pelo risco de intelectualização e de elitismo na alta cozinha. Para superar essa crise, o retorno à formação das cozinheiras e dos cozinheiros revelou-se uma via incontornável.

Ao revisitar alguns dos elementos fundamentais de uma identidade culinária pessoal, destacamos uma série

---
34. CM, 215.
35. UDC, 15.

de potencialidades e limitações relacionadas com a escolha dos ingredientes, com a reprodução de técnicas e de gestos culinários e com o uso de utensílios de cozinha. Também tomamos consciência das forças e dos limites ligados às experiências afetivas que estão na base da apreciação gustativa de cada um, da memória corporal e dos gostos das pessoas a quem a cozinheira e o cozinheiro querem agradar. O que constitui, pouco a pouco, uma *gastro-nomia*, a "normatividade das entranhas" de cada um, está enraizado na materialidade, em uma história humana compartilhada, em nossas experiências radicalmente singulares e nas escolhas pessoais que fazemos.

Como transição para nossa próxima parte – que deseja continuar esta reflexão a partir da especificidade do contexto brasileiro –, reproduzimos uma reflexão do *chef* Santi Santamaria, retomada por Dória. As palavras desse *chef*, enraizado no mundo mediterrâneo, ajudam-nos a ver como a cozinha procura criar laços, tendo em conta a singularidade das pessoas e dos lugares. Isso desvela o *pathos* do movimento gastronômico, ligado a uma arte de viver:

> Nossa cultura se baseia no artesanato, no respeito a técnicas ancestrais, à manipulação correspondente e em um sentimento também. Um artesão, quando manipula os ingredientes, sabe perfeitamente o que está fazendo e que o faz para umas tantas pessoas que têm nome e sobrenome. Está pensando nas pessoas que irão desfrutar, na felicidade que trará para elas; acho que é justamente por meio da cozinha que se pode transladar a personalidade, o caráter e o estilo de uma localidade. Nesse sentido, nós do Mediterrâneo somos apaixonados pelo viver bem[36].

---

36. ECB, 192.

UM POVO HERDEIRO DAS NAÇÕES: RUMO A UM DISCURSO CULINÁRIO MAIS AUTÊNTICO

PARTE TRÊS

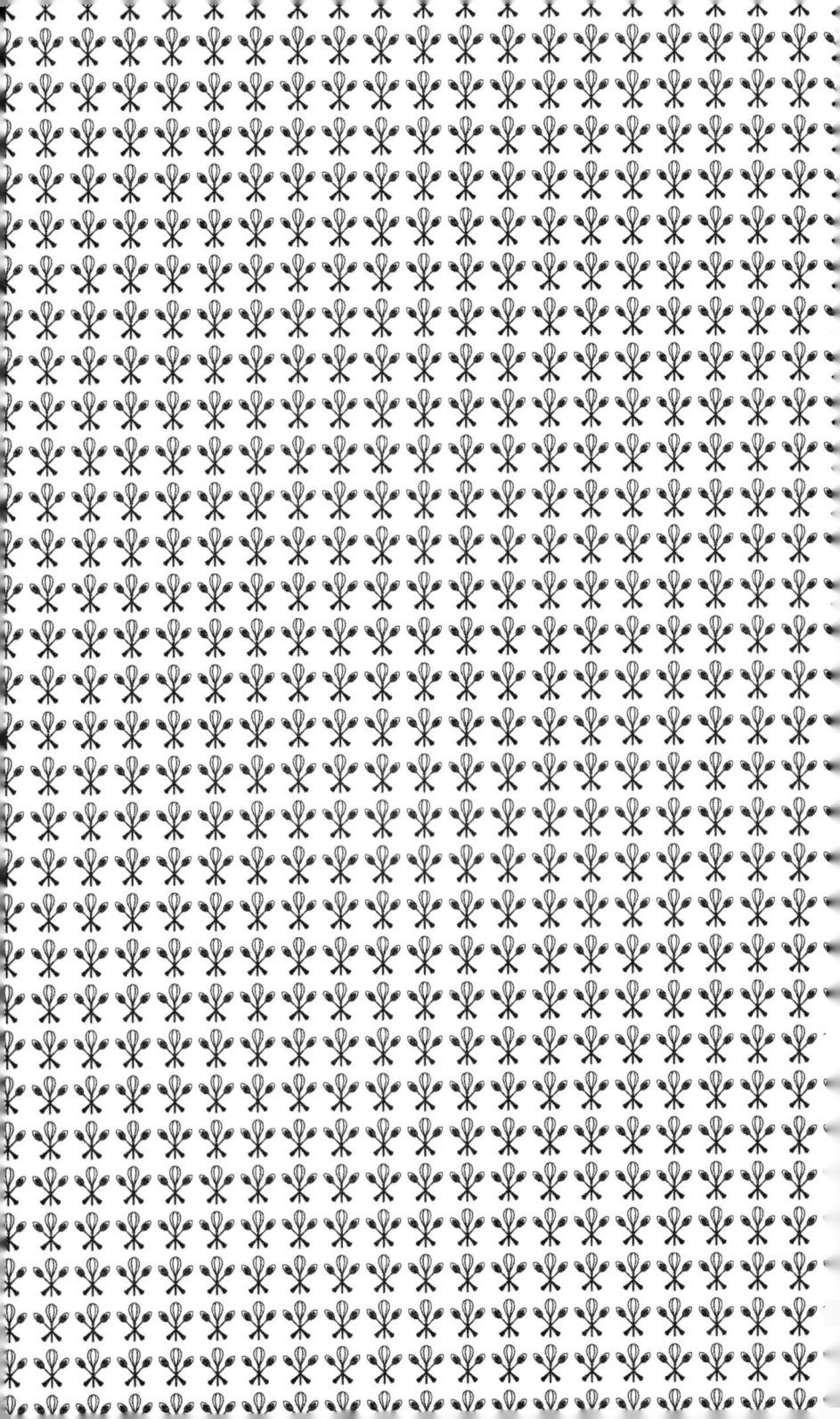

6

A busca de independência gastronômica: a criação de paradigmas culinários

Se a avaliação de Carlos Alberto Dória estiver correta, o interesse pela gastronomia nas sociedades contemporâneas revela que elas, sensíveis ao encantamento, não perderam uma relação utópica – no melhor sentido da palavra – com a realidade. Habitando os espaços mais discretos da vida, as utopias ligadas à alimentação podem trazer à luz as opções éticas, estéticas e mesmo espirituais das pessoas e dos povos. Um tempo como o nosso – segundo Dória, um *hiato* entre tempos gastronômicos – torna-se um momento favorável para revisitar a história da cozinha de um povo, com o objetivo de recuperar certos laços perdidos com seu passado culinário. Com efeito, o discurso gastronômico é a expressão da "experiência de um povo que deseja reconhecer-se através do que come, em contraste com o que os outros povos comem"[1].

Para compreender melhor as forças e as fraquezas da globalização culinária dos tempos modernos, nos capítulos desta terceira parte de nosso itinerário apresentaremos

---

1. FCB, 10.

a busca de diferenciação da cozinha brasileira em relação com a história política do país. Em seguida, abordaremos, em uma perspectiva crítica, as narrativas culinárias dominantes ao longo do século XX, bem como a inflexão causada pela influência da cozinha francesa sobre as elites brasileiras. Finalmente, graças a essa dupla crítica, desenharemos, com Dória, alguns modelos e paradigmas culinários brasileiros, mais próximos da realidade concreta de nosso país.

Em uma nação como o Brasil, fruto de uma complexa história de colonização, uma questão fundamental impõe-se de imediato: "A formação culinária da nação é apenas uma coleção de ingredientes arranjados segundo a lógica da cozinha ocidental ou, ao contrário, fruto de uma *fusão verdadeira*, criando algo original?"[2]. A existência de uma originalidade na cozinha de um país é algo que pode ser verificado. Essa verificação pressupõe uma capacidade crítica de identificar e analisar a ordem interna das práticas culinárias partilhadas por uma população, formando um "sistema":

> O "sistema culinário" aponta para uma conjunção de práticas e saberes codificados, uma lógica de apropriação da natureza que é partilhada por pessoas em vários tempos e lugares, que reconhecem uma "sintaxe", domínios de concordância, um vocabulário e regras combinatórias, expressas através de práticas de trabalho (receitas), tudo de um modo irredutível a outros sistemas de conhecimento[3].

---

2. CM, 66.
3. ECB, 87. Os *sistemas culinários* correspondem às diversas cozinhas que compõem um mesmo *sistema alimentar*. Os sistemas alimentares (como os do Ocidente, da China e da Índia) "correspondem ao conjunto de solução de vida de uma população para resolver os

Os intelectuais de um jovem país proveniente de uma história de colonização não podiam ignorar esta dimensão tão importante na formação da identidade de um povo, dada a relação direta existente entre as cozinhas e as "fronteiras" culturais das comunidades humanas (mesmo dentro de um mesmo país)[4]. Mas uma identidade partilhada por um grupo humano não é nem um dado da natureza nem algo rígido e estático: "Essa identidade unificada que se constrói para além da diversidade é algo que também tem uma história"[5] – uma história que precisa ser sempre relida, recontada e reelaborada. Para avançar em direção a um relato mais autêntico da identidade do Brasil comestível, vejamos algumas etapas de nossa história culinária.

Uma pré-modernidade gastronômica: a globalização colonial

Durante mais de três séculos (do século XVI ao início do século XIX), as terras e os povos nas origens do Brasil contemporâneo passaram por um período de conflitos internos e externos, de exploração e de expansão territorial: trata-se do período colonial. Podemos falar de um desenvolvimento gastronômico nessa época? Dória considera que o surgimento

---
problemas da nutrição, sempre considerando as possibilidades que o ambiente dispõe e as ideias dessa população sobre a incorporação, que podem se formar em outros domínios da cultura, como a religião. Eles variam, em grandes linhas, de civilização a civilização, e essas diferenças contam muito quando observamos a alimentação de cada uma" (CM, 46).
4. Cf. FCB, 32.
5. CM, 66.

de uma gastronomia, no sentido estrito da palavra, pressupõe dois ingredientes fundamentais: a liberdade e, associada a esta, a possibilidade de criação. Diante disso, ele julga que "nem sempre a liberdade de criação esteve presente em nossa história e, por tal motivo, o colonialismo foi um terreno limitado para a construção gastronômica"[6]. Mas é evidente que três séculos de colonização deixaram marcas indeléveis na história culinária deste país.

Do ponto de vista gastronômico, o fenômeno mais importante desse período está ligado a uma espécie de globalização e aclimatação de ingredientes. Segundo Dória, os colonizadores ibéricos "foram, acima de tudo, integradores culinários"[7], colocando a Europa em contato com os novos mundos comestíveis da Ásia, África e América. As colônias – o Brasil, entre outras – foram campos de experimentação, de verificação da adaptabilidade dos ingredientes e de produção em larga escala. Foi assim que os portugueses se tornaram "grandes difusores das novidades do mundo colonial, entrecruzando influências, disseminando e aclimatando frutos e ervas de vários continentes"[8].

Como acontece em todo acesso a coisas novas, a compreensão desses novos mundos comestíveis se fez por meio de comparações, algumas mais exatas do que outras. Aqui estão dois exemplos. O primeiro é a descrição que Gabriel Soares de Sousa faz do abacaxi, em seu *Tratado descritivo do Brasil*. Como explicar essa novidade alimentar aos habitantes do Velho Mundo? Dória conta: "Tal e qual na construção

---

6. FCB, 20.
7. FCB, 49-50.
8. ECB, 218.

imaginária do rinoceronte de Durer, cidra, alcachofra, erva-babosa, melão e laranja fornecem o repertório que dá conta do desenho conceitual da fruta"[9]. O segundo exemplo diz respeito ao significado da palavra *amendoim*:

> Como a língua, a culinária viaja com os conquistadores. Nos novos mundos, a substituição de matérias-primas originais, longe de ser a fonte primeira das inovações corresponde à teimosa persistência do gosto primitivo. Como exemplo, o amendoim não seria outra coisa senão uma "pequena amêndoa", não obstante a etimologia forçar a interpretação tupinizante[10].

Esses dois exemplos ajudam-nos a guardar na memória o tipo de aventuras e desafios culinários vividos na época que deu origem à nossa: "A um mundo que vai se tecendo por analogias soma-se, porém, o encanto pelo novo"[11]. Então, os navegadores tinham acesso a sabores, formas e aromas que antes lhes eram desconhecidos, mas só tinham palavras antigas para descrever essa nova experiência. Com a ajuda de relatos analógicos, eles tentam encurtar a distância, aguardando o momento em que seus compatriotas pudessem ver, cheirar e provar esses frutos por si próprios.

---

9. ECB, 217. Eis a descrição: "Ananás é uma fruta do tamanho de uma cidra grande, mas mais comprida; tem olho da feição das alcachofras, e o corpo lavrado como alcachofra molar, e com uma ponta e bico em cada sinal das pencas, mas é todo maciço [...]. A erva em que se criam os ananases é da feição da que em Portugal chamam erva-babosa, mas não são tão grossas [...]. Como vai amadurecendo, se vai fazendo amarelo acataçolado de verde, e como é maduro conhece-se pelo cheiro, como o melão" (ECB, 217-218).
10. ECB, 217.
11. ECB, 217.

No que se refere às técnicas culinárias no início da colonização, o jeito português de cozinhar ainda era marcado por uma grande simplicidade: o uso limitado de utensílios, um tempero moderado, o gosto pelos sumos ácidos e a utilização do forno romano[12]. Já se sabe que o pão era utilizado como "suporte" para acompanhar caldos e sopas. De acordo com as investigações atuais, esse tipo de "cozinha de potaria" (ensopados, guisados etc.) não se limitava ao contexto europeu. Dória afirma: "É muito provável que, entre os séculos XVI e XVIII, as culinárias africanas e europeias aqui aportadas fossem mais próximas do que se imagina da matriz indígena preexistente"[13]. Teríamos, então, aqui um possível ponto de encontro?

Um desejo de modernidade: entre mediações e dualidades

Os anos que se seguiram à independência do país representaram um importante tempo de transição entre o período colonial e o período republicano moderno. A antiga colônia – que se tornou o Império do Brasil – era ainda governada por monarcas portugueses ou de origem portuguesa. Foi durante a época imperial que surgiu o primeiro livro de receitas destinado ao público brasileiro: *Cozinheiro nacional*. Esse livro é muito revelador, apesar de seu limitado interesse para quem busca conhecer a história culinária do Brasil. Segundo Dória,

---
12. FCB, 52-53.
13. FCB, 18.

Cozinheiro nacional não é uma síntese do que se come pelo Brasil oitocentista, mas, sim, o que a sua elite *quer comer* como construção da nacionalidade, mantendo-se, ao mesmo tempo, fiel ao modo de vida europeizado[14].

A que nos referimos quando falamos de um "modo de vida europeizado"? O fenômeno gastronômico mundial mais importante nesse período corresponde à ascensão e à difusão da cozinha francesa, uma vez que, "depois do período napoleônico, o mundo todo passou a comer 'à francesa'"[15]. Embora a cozinha francesa já tivesse, antes disso, certa influência na cozinha portuguesa, só no século XIX, a partir da corte imperial, ela iria exercer uma influência direta na jovem nação que se formava[16]. Dória destaca uma nova tensão que surgiu nesse momento da história da culinária brasileira:

> O importante é reter que Portugal [...] foi também a instância cultural que nos conectou com o fenômeno culinário mais importante do século XIX: o afrancesamento da cozinha e dos hábitos à mesa, ainda que, por caminhos próprios, os brasileiros tenham mirado Paris diretamente, dispensando a mediação metropolitana – e com a mesma inveja que o faziam as elites portuguesas[17].

Observamos um fenômeno novo, revelador de uma dinâmica presente em certos processos humanos de independência e empoderamento: ao querer se distanciar da influência de

---
14. CM, 69.
15. FCB, 26.
16. FCB, 18.
17. FCB, 57.

seus homólogos portugueses, as elites brasileiras da época, ainda majoritariamente de origem portuguesa, agiram por uma espécie de mimetismo. Escolheram um caminho de modernização semelhante ao das elites portuguesas, ainda que rejeitando seu antigo papel mediador. Isso forjou, nas elites do novo país, certa unificação culinária: "Especialmente na corte e nas casas-grandes, a cozinha se afrancesou, propiciando a unificação das preferências das elites nacionais"[18]. No entanto, essa unificação provocou outra diferenciação, dessa vez no interior do país, entre a cozinha local e a cozinha das elites: essas elites "se afastaram em parte do comer regional, estabelecendo a dualidade de ementas que caracteriza a culinária brasileira do século XIX até hoje"[19].

Essa situação ambígua não passou despercebida a alguns analistas estrangeiros da época. Um pesquisador alemão do século XIX, Carl Friedrich Philipp von Martius, interessado por botânica e antropologia, pensava ver no Brasil imperial a gestação de algo novo. Ao reconhecer a dualidade de influências e identificar um "lugar" possível de mistura, com um pouco de poesia – mas também com a ideologia das raças e das classes, própria daquele período histórico –, ele previa:

> O sangue português, em um poderoso rio, deverá absorver os pequenos confluentes das raças Índia e Etiópica. Na classe baixa tem lugar essa mescla, e como em todos os países se

---

18. FCB, 143. Dória está aqui em diálogo com a pesquisa da antropóloga brasileira Paula Pinto e Silva, que escreveu o prefácio deste livro. Cf. Pinto e Silva, P., *Papagaio cozido com arroz. Livros de cozinha e receitas culinárias no Rio de Janeiro do século XIX*, tese (doutorado em Antropologia), Faculdade de Filosofia, Letras e Ciências Humanas, USP, São Paulo, 2007.
19. FCB, 143.

formam as classes superiores dos elementos das inferiores, e por meio delas se vivificam e se fortalecem, assim se prepara atualmente na última classe da população brasileira essa mescla de raças, que daqui a séculos influirá poderosamente sobre as classes elevadas, e lhe comunicará aquela atividade histórica para a qual o Império do Brasil é chamado[20].

Sem endossar o tom "profético" de von Martius, é impossível ignorar esses dois aspectos sociais que marcam a história e a gastronomia do Brasil: a dualidade social e a mistura étnica. Além disso, entre as classes populares do país, uma série de feridas sociais – que ainda estão longe de estar cicatrizadas – encontrava-se bem aberta naquele momento: a fome, a subnutrição e as doenças endêmicas[21]. Ontem e hoje, essa situação dramática e persistente impede o acesso de todos a uma verdadeira fruição gastronômica.

Esse breve relato da história culinária pré-moderna do Brasil e de sua transição para uma modernidade gastronômica evidencia um processo de ocidentalização das cozinhas desenvolvidas nessa nova nação, de modo semelhante ao que ocorre em outras nações do continente americano. Esse processo seguiu um duplo movimento:

> [Sua] lenta e inexorável assimilação na culinária ocidental, na exata medida em que o mundo todo passou a utilizar os ingredientes americanos [...], e os americanos, por sua vez, assimilaram a culinária mundial, transacionando-a com os elementos autóctones[22].

---

20. ECB, 223.
21. Cf. FCB, 41.
22. FCB, 18.

Conflito entre modernidades: uma cozinha mestiça ou cozinhas confederadas?

No final do século XIX, a Proclamação da República inaugurou uma nova etapa na vida política, social e gastronômica do país. O desejo de romper com a recente tradição imperial e de integrar, de outra maneira, a herança colonial ganhou força entre boa parte das elites brasileiras, sobretudo as que aderiram ao movimento "modernista":

> Durante as três primeiras décadas do século XX, quando se define no país com maior clareza o "ideário nacional" moderno, procura-se incorporar em uma única matriz os traços culturais dos vencedores e vencidos da empreitada colonial. Índios, negros e brancos, dirá o modernismo, formam o *melting pot* da nacionalidade[23].

Dessa forma, o processo de construção e criação política e simbólica do Brasil deu um passo adiante: "Contrapondo-se à ideia de império unitário, os modernistas criaram a imagem de uma diversidade de origem para o Brasil"[24]. Mas, obviamente, criar uma unidade nacional com base nessa tripla origem não é algo simples. A figura conceitual escolhida foi a que parecia conciliar unidade e diversidade na identidade desse novo povo: a mestiçagem. Essa mistura de etnias, então, "passou a ser vista como um aspecto positivo e original da vida no Brasil"[25].

---

23. ECB, 215.
24. CM, 68.
25. FCB, 182.

Nesse contexto, a feijoada começa a ganhar, no discurso culinário, *status* de prato patrimonial brasileiro por excelência, pois sua composição reúne elementos das três matrizes culturais da nova nação. A antiguidade e a historicidade dessa tríplice origem não são, entretanto, evidentes. Dória cita o estudo do jornalista Renato Pompeu: "A feijoada pode nos aparecer como totalidade, como unidade idêntica a si mesma; no entanto, ela pode nos aparecer também como reunião casual de coisas disparatadas"[26]. Mas é historicamente certo que, a partir dos anos 1920, os modernistas conseguiram fazer da feijoada "um signo de brasilidade"[27]. Nosso gastrônomo afirma: "A feijoada é, para nós, uma espécie de hino nacional comestível"[28]. Contudo, ele adverte os pesquisadores da gastronomia:

> Compreender esse longo processo de fixação simbólica da feijoada é fundamental para quem se dedica à gastronomia no Brasil: até que ponto um prato como esse, identificado como modelo de celebração, não funciona como um biombo a esconder "outra" culinária brasileira[29]?

Esse princípio da mestiçagem a partir de um tripé cultural viria a constituir a base dos estudos de um dos maiores investigadores da alimentação brasileira no século XX: Luís da Câmara Cascudo.

Em seu estudo enciclopédico *História da alimentação no Brasil*, ele considera que a formação de um "gosto" comum e de uma cozinha nacional do Brasil se deu entre os séculos

---

26. FCB, 181.
27. FCB, 181.
28. CM, 66.
29. FCB, 183.

XVI e XVIII[30]. Sua investigação baseia-se nos dois princípios acima identificados: por um lado, as três etnias matriciais do Brasil e, por outro, uma dualidade entre a cultura popular e a cultura "oficial". Dória comenta esse trabalho:

> [Câmara Cascudo] acreditava no dualismo cultural em todos os povos: a cultura oficial, letrada, e a "cultura popular, aberta apenas à transmissão oral". O primeiro volume da obra, dedicado aos cardápios indígena, africano e à "ementa portuguesa", além de compilar textos, conta com a vantagem da sua atenção ao mundo ágrafo, materializada na coleta de reminiscências de ex-escravos, de coronéis, de sua mãe e tias, tudo para determinar como no Brasil se elaboraram "certas predileções alimentares que os séculos fizeram hábitos"[31].

A obra de Câmara Cascudo leva o leitor a um passeio pela história culinária do Brasil, a partir dos povos constitutivos de sua nacionalidade. Ele busca "demonstrar o ecletismo da cozinha brasileira e como ela se unificou, constituindo o 'núcleo duro' do que chamamos 'gosto brasileiro'"[32]. A ideia modernista de uma nação nascida da fusão de três etnias matriciais orientou sua reflexão, o que coloca um problema para a investigação gastronômica: "O monumento que ele criou materializou uma ideia de nação que se expressa à mesa, uma síntese que muitas vezes despreza a diversidade empírica em prol da unidade simbólica"[33].

---

30. Cf. FCB, 17.
31. ECB, 204.
32. ECB, 204.
33. ECB, 208-209.

Um investigador das artes culinárias guiado pelo desejo – ou mesmo pelo imperativo – de afirmar a unidade de um conjunto complexo pode deixar de lado alguns elementos empíricos evidentes, identificados quando o objetivo da investigação se torna, propriamente, *gastronômico*. De qualquer forma, Dória aprecia duas grandes qualidades da análise de Câmara Cascudo: seu culturalismo, que se interessa pelo gosto popular, mesmo sem elaboração científica[34], e sua consideração, provavelmente pioneira no Brasil, das artes culinárias como expressão de "um sistema, incrustado na cultura, que confere sentido aos modos de fazer, interagir e simbolizar afetos ao comer"[35].

A diversidade étnica de origem e a solução da mestiçagem não foram a única resposta moderna à constituição desta nação. Outras interpretações sobre a formação do país surgiram nesse mesmo período. Segundo Dória,

> a discussão sobre a formação nacional, inclusive de nossa culinária, pode ser situada entre 1870 e 1930, quando envolveu nos debates as elites econômicas e os intelectuais de todo o país. As cozinhas regionais emergiram como tema a partir de 1920, e de maneira mais forte no Nordeste[36].

Em vez da definição de um único prato patrimonial, o regionalismo culinário vai sustentar a ideia de pratos típicos por região e, mais tarde, por estado confederado[37]. A importância das cozinhas regionais não deve ser subestimada, pois,

---

34. Cf. ECB, 204.
35. ECB, 206.
36. FCB, 147.
37. Cf. FCB, 159.

como já vimos anteriormente, estamos lidando com "realidades simbólicas que em boa medida orientam nossa relação com a comida, determinando parte do apreço que temos por ela"[38]. Assim, enquanto o *Manifesto antropofágico* (1928), escrito por Oswald de Andrade, celebrava a mestiçagem brasileira, o *Manifesto regionalista* (1926), escrito por Gilberto Freyre, exaltava as cozinhas regionais[39]. Sobre isso, Dória transcreve uma avaliação de Paula Pinto e Silva, em um estudo universitário sobre a cozinha brasileira. Segundo ela, Gilberto Freyre foi o primeiro intelectual a tomar consciência de algo fundamental para o futuro gastronômico do país:

> Um país como o Brasil, que possuía uma cozinha pluriforme (por seu território imenso, suas diversas regiões, climas e povos diferentes), precisava de um estudo sociológico de peso, que desse conta das variações da culinária e dos hábitos alimentares[40].

Naquela época, as ciências brasileiras ainda não estavam preparadas para avançar nessa direção. No entanto, a emergência da ideia de "região", graças ao federalismo da República Velha, evidenciou outra dimensão inegável do processo de formação da nação brasileira e de sua culinária: "A contradição e o conflito permanente com essa 'unidade', cujo fundamento era a desigualdade do poder das diferentes oligarquias estaduais"[41]. Nem o discurso sobre uma cozinha nacional mestiça nem aquele das cozinhas regionais

---
38. FCB, 139.
39. Cf. FCB, 36.
40. ECB, 208.
41. FCB, 151.

levaram, suficientemente, em consideração a complexidade da situação culinária do Brasil.

Dória ainda chama a atenção dos pesquisadores e pesquisadoras da gastronomia brasileira para uma diferença fundamental que está na base desses dois tipos de discurso: "Enquanto os conceitos e práticas da chamada cozinha brasileira nos unificam à mesa, os das cozinhas regionais nos separam, apesar de sermos todos brasileiros"[42]. Essas propostas modernas seriam, então, as únicas imagináveis?

---

42. FCB, 139-140.

7

O discurso gastronômico brasileiro: uma abordagem crítica dos mitos fundadores

O que, de fato, buscamos provar com nosso discurso gastronômico? As narrativas que acabamos de apresentar revelam, como é evidente, características e conflitos que estão presentes na realidade brasileira. Nenhum estudo gastronômico poderia negar o tripé cultural que está na raiz da formação do país, nem os traços singulares de cada região deste imenso território. Mas esses relatos também escondem elementos importantes da história do Brasil. Há uma razão comum para suas "omissões": não são discursos culinários elaborados para *fins gastronômicos*. Então, qual era sua finalidade e o que eles estavam tentando estabelecer?

Do interesse nacional ao gastronômico: rumo a uma unidade culinária real

Em um momento importante para o futuro desta nova nação, seus intelectuais tinham, acima de tudo, um objetivo político e simbólico: a *criação* de uma unidade – moderna – que não existia nos períodos anteriores. Para Dória, a arte culinária, em vez disso, precisa traçar uma compreensão histórica engajada com o presente, descobrindo o caminho percorrido pela criatividade do povo brasileiro, ou seja, "a gastronomia que [essa criatividade] formou ao longo do tempo, gerando esta cozinha inzoneira da qual, de alguma forma, nos orgulhamos"[1].

Para avançar nessa direção, é necessário abandonar alguns preconceitos profundamente enraizados no imaginário comum – tanto dentro como fora do país. Segundo nosso gastrônomo,

> comungamos uma ideia sólida e simples de nação: um imenso território, uma unidade linguística, uma bandeira, um hino, uma seleção de futebol e um prato – a feijoada. Se olharmos para trás, veremos que tudo isso foi construído em pouco mais de um século, o que não é nada comparado aos milênios que sedimentaram a China e a Índia[2].

Em relação à unidade nacional e a seus dois modelos concorrentes, é importante reconhecer que "o que era um novo arranjo da sociedade revestiu-se de um colorido tradicional, como se o novo organismo político tivesse raízes milenares"[3]. Os intelectuais da primeira metade do século XX não estavam preocupados em explorar a realidade do Brasil, mas estavam interessados, sobretudo, em construir uma ideia de nação que "se nutre mais das versões do que propriamente dos fatos"[4].

---

1. FCB, 20.
2. CM, 66.
3. CM, 68.
4. FCB, 40.

Dória não hesita em classificar esses discursos no registro dos "mitos". Ele afirma: "Assemelha-se à elaboração de um mito, que se torna efetivo graças às adesões com que conta, pouco importando, em sua elaboração, a emergência da consciência crítica"[5].

O passado recente do Brasil produziu seus relatos fundadores – e devemos escutá-los. Mas Dória critica aqueles que, mesmo tendo o desejo de "redescobrir" o Brasil comestível, não fazem mais do que repetir e reforçar as incoerências desses discursos:

> Ao tomar essa representação tradicional sem qualquer consideração sobre o seu significado político, sem observar o que os brasileiros realmente comem ou sem se ocupar de um levantamento das matérias-primas fornecidas pela natureza, mas pouco ou nada incorporadas na referida ementa, o que fazem tais "neodescobridores" do Brasil é repisar estereótipos, reforçar preconceitos e, claro, favorecer os interesses da indústria do turismo a partir de uma representação unificadora do Brasil, que é mais imaginária do que real[6].

As cozinheiras e os cozinheiros brasileiros precisam, portanto, reconsiderar as alegrias e tristezas da história real da cozinha de seu país, com o objetivo de identificar e criar outras narrativas que permitam vislumbrar outro tipo de unidade: aquela que essa mesma história tornou possível.

---

5. FCB, 40-41.
6. CM, 76.

Para além da mestiçagem culinária: reverter o empobrecimento das tradições

Um movimento culinário recente pode ajudar-nos a refletir sobre os problemas postos pela concepção de uma "cozinha mestiça": trata-se da "cozinha de fusão". Esse movimento desenvolveu-se principalmente no final dos anos 1990, quando alguns *chefs* de cozinha propuseram, nos Estados Unidos, uma espécie de mistura indo-francesa: "Vários *chefs* passaram a utilizar ingredientes da cozinha indiana sem respeitar as tradições e a filosofia correspondentes"[7]. A busca desses cozinheiros era clara: encontrar e oferecer experiências culinárias incomuns, usando ingredientes pouco conhecidos na cozinha ocidental, especialmente os da Ásia[8].

No entanto, segundo Arthur Lubow, então crítico gastronômico do *New York Times*, "o modismo contribuiu para o empobrecimento da cozinha indiana"[9]. Os *chefs* eram movidos, segundo ele, por um desejo incontrolável de inovar, mas não tinham um conhecimento suficiente da Índia, "assassinando", assim, "as ricas e diferenciadas cozinhas do Kerala, de Bengala e do Punjab"[10]. É claro que o projeto dos *chefs* não era reproduzir os pratos dessas cozinhas regionais indianas, o que atenua a força da crítica de Lubow. Mas Dória tira dali uma lição gastronômica mais ampla:

> A *fusion* partiu do equívoco de que as técnicas do Oriente e do Ocidente podiam ser ignoradas ou misturadas em uma

---
7. ECB, 91.
8. Cf. ECB, 91.
9. ECB, 91.
10. ECB, 91.

espécie de esperanto culinário, projetando a cozinha como um espaço desregrado. Por isso não pôde prosperar: é uma linha de investigação avessa à formação de um "sistema"[11].

Segundo nosso gastrônomo, assim como dois sistemas linguísticos não se fundem, é impossível fundir dois sistemas alimentares: "Podem se apropriar das matérias-primas [...], mas não se pode pretender que duas culturas culinárias se fundam em uma só, sob pena de assassinar uma delas"[12]. Se isso é verdade, surge uma questão crucial para a reflexão gastronômica brasileira: "Como explicar então a ideia de formação de algo como a cozinha nacional brasileira, como fruto da fusão das culinárias indígena, negra e ibérica?"[13].

Para Dória, essa ideia de mestiçagem culinária, ou seja, uma "mistura entre ingredientes e técnicas de diferentes procedências, que se materializaria em um cardápio partilhado pelos brasileiros"[14], é uma visão simplista e redutora diante de uma história muito mais complexa. Para encontrar a "expressão" da novidade que surgia no Brasil[15], os intelectuais e artistas brasileiros que forjaram esse conceito na transição entre os séculos XIX e XX não consideraram, suficientemente, dois grandes problemas desse "mito" fundador.

O primeiro problema do mito da mestiçagem reside na omissão de uma hierarquia real e de uma história de opressão, ou seja, no silêncio em torno do poder de seleção que o colonizador exercia sobre o colonizado. Ao equiparar, em nosso

---

11. ECB, 234.
12. CM, 63.
13. CM, 63.
14. FCB, 23.
15. Cf. FCB, 34-35.

patrimônio culinário, o que vem dos indígenas, dos negros e dos brancos ibéricos, a ideia de mestiçagem culinária "esconde como foi dramático e desigual o processo histórico"[16]. O segundo problema dessa construção de uma imagem culinária nacional decorre da redução de realidades amplas e diversificadas a dois rótulos genéricos: "indígena" e "negro"[17].

Desse modo, esse mito, em vez de reunir e recuperar o que já estava muito enfraquecido na consciência coletiva, contribuiu para acelerar a perda das tradições culinárias, deixando de lado elementos fundamentais dessa história comum. Por isso, para Dória, esse modo de construção de uma identidade culinária nacional "é algo que, além de reunir, suprime muita coisa. Trata-se mais de um filtro que de um acumulador"[18]. No entanto, se essa narrativa foi criada e se tornou algo tão amplamente integrado ao imaginário dos brasileiros, é porque correspondia a uma demanda real do momento histórico em que foi elaborada. Qual foi, então, o benefício social de tal mito?

Nosso gastrônomo acredita que a narrativa da miscigenação culinária "nada mais foi do que a pacificação histórica de um processo violento, dramático, que destruiu as unidades culturais iniciais, cuja integridade, porém, o recurso à mitologização

---

16. FCB, 44.
17. Cf. CM, 67. Em outro estudo, Dória precisa que a ideia de miscigenação culinária representa "uma extrema simplificação e supressão de diversidade. Apesar do efeito devastador da colonização sobre as populações indígenas, centenas de línguas e etnias sobreviventes serão todas achatadas numa só categoria: 'índio'. Com os negros não será distinto, pois as diferenças entre bantos e sudaneses, por exemplo, tão expressivas sob vários aspectos, serão igualmente niveladas. O próprio elemento branco é idealizado na figura do colonizador ibérico, ignorando-se no *melting pot* as populações de outras origens que então já haviam se estabelecido em território brasileiro" (ECB, 215).
18. CM, 67.

preservou no plano simbólico"[19]. Nessa mitologia culinária brasileira, cada um dos "vencidos" do passado colonial foi integrado de uma forma diferente: nota-se a atribuição de um papel bastante passivo aos grupos indígenas – considerados, sobretudo, como fornecedores de matérias-primas e, eventualmente, de algumas técnicas simples de cultivo e preparação[20] – e um papel bastante ativo aos grupos negros – considerados os grandes cozinheiros das Casas Grandes e, portanto, à origem do lado intrigante e engenhoso da cozinha brasileira[21].

Isso nos ajuda a entender a força simbólica da feijoada como prato nacional, embora as estatísticas mostrem que não é o prato mais comum no território nacional, nem é consumido no dia a dia dos brasileiros, tampouco nas grandes festas. Dória propõe uma interpretação do papel "metonímico" desse prato:

> Pode-se, assim, imaginar o quanto a feijoada, elevada à alta posição de prato nacional por excelência, como uma verdadeira comunhão à mesa, representou um alívio da tensão cultural criada pela escravidão que dificultava a determinação de um lugar social para os ex-cativos. Uma vez restritos

---

19. FCB, 45.
20. Sobre a recepção da herança dos hábitos alimentares dos indígenas, Dória afirma: "Ao longo dos séculos de colonização, os portugueses empobreceram sistematicamente a diversidade dos hábitos alimentares de centenas de povos indígenas, e o resultado foi um Brasil conquistado que não expressa a integração culinária, mas, sim, uma coleção de ingredientes despidos de sua história de domesticação, como se fossem pura naturalidade, e que esconde o processo dramático de expropriação" (FCB, 66).
21. Cf. FCB, 67. Para mostrar a presença desse imaginário em outras áreas da cultura, Dória cita um trecho da teoria literária de Sílvio Romero, na *História da Literatura Brasileira*: "Temos a África em nossas cozinhas, como a América em nossas selvas, e a Europa em nossos salões" (FCB, 48).

à cozinha, ou celebrados em um prato comido por todos indistintamente, através da cor preta do feijão, eles estariam, definitiva e metonimicamente, integrados ao corpo nacional[22].

Para ser mais preciso, os relatos propagados a respeito da feijoada não negam completamente a opressão dos negros, mas apresentam-na de uma forma romantizada. Exaltam o fato de os escravos serem capazes de fazer um prato muito nutritivo e saboroso a partir dos piores pedaços que lhes eram servidos. Diante desse tipo de consideração, Dória protesta: "Piores pedaços?! Bem entendido: em uma visão aristocrática, um ponto de vista que se apoia no lombo e no pernil do porco [...]"[23]. De todo modo, essa narrativa surge logo após a abolição da escravatura, no final do século XIX, em um momento em que a maioria dos negros era deixada às margens do novo projeto de país, mais urbano e industrial. Ao mesmo tempo, outras narrativas culinárias, como a de Manuel Querino, começaram a apresentar o negro "como 'colonizador', isto é, como elemento civilizador, criando e promovendo a arte culinária"[24].

Em suas reflexões, Dória propõe uma releitura crítica da história culinária brasileira – e aponta também o papel ambíguo dos missionários católicos[25] – em uma tentativa de refrear

---

22. FCB, 48-49. Os indígenas são integrados pelo acréscimo da farofa. Mais adiante, Dória vai dizer ainda: "Talvez a feijoada seja mesmo identitária, como gostam de falar historiadores e outros cientistas sociais, mas o que há de relevante a respeito é a propriedade metonímica desse prato de reter o passado da escravidão no preto do feijão, subvertendo seu sentido dramático" (FCB, 182).
23. CM, 69.
24. ECB, 225.
25. Dória afirma: "Sabemos o quanto se oprimiu os índios, impondo-lhes, os jesuítas, uma religião e uma língua geral (*nhengatú*), e quantas etnias foram literalmente massacradas. Sabemos também quanto os

a força redutora do mito da mestiçagem, para identificar novos caminhos possíveis de interpretação gastronômica. O autor revisita a história culinária do Portugal colonizador, questionando também o alcance de seu poder seletivo, enquanto potência europeia[26]. No que diz respeito à cozinha dos povos africanos, ele chama a atenção dos gastrônomos para a evolução de sua criatividade culinária. Com a progressiva liberdade social e religiosa[27], tornou-se possível uma ligação afetiva entre

---

negros eram diversificados na origem africana, sendo muitos deles islamizados ou formados na cultura árabe, e até mesmo dominando a escrita, coisa que faltava aos seus senhores portugueses" (CM, 66-67). Em outro estudo, ele dirá: "À Amazônia, tão imprópria ao grande empreendimento colonial-mercantil, as missões jesuíticas chegaram ao século XVII antes mesmo dos colonos, estabelecendo vínculos fortes com as práticas alimentares indígenas, baseadas na caça, na pesca, nas farinhas e no uso de espécies vegetais nativas. [...] tudo isso vai tecendo um sistema adaptativo ao qual o europeu mais se submete do que molda" (ECB, 211).

26. Dória considera: "Talvez, então, seja mais adequado dizermos que as influências portuguesas, longe de representar o purismo das referências metropolitanas, eram diluídas no gosto da terra do qual participavam todos – dominadores e dominados –, de forma desejada ou a contragosto" (FCB, 55).

27. Como podemos ver nesta passagem: "Para sintetizar, é necessário destacar, quando se fala da influência negra na cozinha brasileira, os vários momentos de formação da identidade do negro no país e as várias condições a que esteve submetido – especialmente a de escravo, mas também a de homem livre ou 'negro de ganho'. Poderíamos dizer que o escravo é culinariamente estéril, ao passo que o negro livre, uma vez dedicado ao comércio de comida de rua, é instado a mostrar certa criatividade, manipulando os elementos disponíveis no comércio de Salvador, os modos de fazer aprendidos nas casas dos senhores, as memórias antigas e assim por diante. Em outra vertente, a partir da evocação sincrética das divindades africanas, consolida-se um repertório chamado 'cozinha de azeite', que também ganhará, com o tempo, as ruas e o gosto popular amplo" (FCB, 77-78).

pessoas de diferentes grupos étnicos e culturais[28]. No que diz respeito à dieta dos povos indígenas, ele dará especial ênfase às variações dos dois complexos culinários latino-americanos: um baseado na mandioca (ligado aos povos de origem tupi, habitantes da Amazônia e da costa brasileira) e o outro, no milho (ligado aos povos dos Andes, que penetraram no oeste e no sul do Brasil)[29].

Embora tenha feito uma releitura da história culinária das três tradições que estão na base da narrativa da miscigenação – sobretudo para demonstrar sua diversidade ignorada –, Dória critica uma abordagem gastronômica centrada na busca da distinção das origens. Por um lado, é praticamente impossível, por exemplo, identificar de onde vêm os caldos e sopas brasileiros, já que nas diversas tradições, e suas variações, os pratos eram preparados com a mesma técnica[30]. Por outro lado, é preciso aceitar e integrar as alterações que levaram um prato a seu estado atual. O gastrônomo considera que, na busca pelas origens culinárias, "raramente admitimos que possa já ter sido suficientemente mastigado pelo tempo, até o ponto de as marcas originais terem sido digeridas"[31].

Em suas conclusões, Dória não ignora a importância e a força do mito, na época de sua elaboração. Ele reconhece

---

28. Sobre esse assunto, Dória cita o sociólogo Jeferson Bacelar: "Com o tratamento diferencial concedido aos livres e pardos, e a emergência de novas categorias sociais, já surgiam novas formas de relações entre os brancos e as negras e pardas, ditadas pela obtenção de privilégios ou mesmo por real interesse afetivo" (FCB, 75).
29. Cf. ECB, 210. Em outro estudo, ele menciona as pesquisas arqueológicas: "Um duplo padrão de carboidratos esteve presente na dieta dos primitivos brasileiros desde os tempos em que é possível recuar com as pesquisas arqueológicas" (FCB, 60).
30. Cf. FCB, 57.
31. FCB, 34.

que esse mito "criou liames entre coisas que antes eram separadas, de modo a instituir um sentido único de pertencimento suficiente para seguirmos adiante na história sem nos destruirmos"[32]. Além disso, ao voltarmos ao presente gastronômico, podemos ouvir a provocação lançada pelo movimento da cozinha de fusão. Um movimento que, apesar da resistência da crítica especializada, conquistou certo respeito do público:

> Ora, em um mundo onde a pantofagia é celebrada como aventura crítica, a questão não é de nacionalismo culinário. Ao contrário, a dimensão imediatamente universal é dada pelo fato de que a *fusion cuisine* tem ocupado um espaço respeitável de uns cinco anos para cá e nos lança, ao menos como metáfora, um desafio: uma fusão com a nossa própria singularidade, do nosso *superego* culinário afrancesado com o nosso *id* tropical...[33]

---

32. FCB, 43. Ele precisa sua apreciação, ao mesmo tempo positiva e crítica: "Entende-se, pois, que nesse contexto contraditório, variado, de pouco mais de meio século de busca do que pudesse tipificar a consciência nacional em qualquer esfera da cultura, a ideia de miscigenação tenha se apresentado como algo tão confortável ideologicamente. Ela supera as tensões do escravismo colonial, ao conferir ao negro uma personalidade cultural forte e determinante; incorpora a história indígena não como processo dramático de aniquilação, mas, sim, como a verdadeira trajetória de adaptação às novas terras descobertas; finalmente, apresenta a herança europeia como plástica e assimiladora, dando conformação moderna a tudo o que, visto de modo isolado, pareceria impróprio para fundamentar uma civilização nos trópicos" (FCB, 43).
33. ECB, 93.

Para além do regionalismo rígido: compreender a porosidade das fronteiras

A consideração de um tripé étnico na prática e na reflexão culinária brasileira ajuda-nos a compreender o estado atual das cozinhas do país e permite-nos avançar no desenvolvimento de uma gastronomia nacional. Da mesma forma, nenhum pesquisador da arte culinária brasileira pode negar a diversidade dos gostos regionais. No entanto, definir essas fronteiras regionais e os traços históricos de seu desenvolvimento continua sendo uma tarefa difícil[34]. Dória aponta dois problemas com a concepção de "cozinha regional" desenvolvida paralelamente à narrativa da mestiçagem culinária. O primeiro é a construção de barreiras culturais quase intransponíveis, mesmo quando elas não têm nenhuma importância real na vida das pessoas. O segundo problema é a discrepância entre a caracterização culinária de uma região e os hábitos alimentares efetivos de uma população[35].

Como podemos considerar seriamente a mudança nos hábitos alimentares provocada pelo deslocamento das pessoas e pela comunicação das tradições? Uma prática alimentar como o churrasco – ainda associada no imaginário regionalista aos gaúchos – já é um hábito nacional generalizado há décadas[36]. Outro exemplo diz respeito à possibilidade de manter as preferências pessoais, relativas à região de origem, enquanto se vive em outra: "É possível ser nordestino em São Paulo

---

34. Cf. FCB, 149.
35. Cf. CM, 75.
36. Cf. FCB, 20.

ou gaúcho em Rondônia, pois o aparato alimentar 'viaja' com as migrações internas"[37].

Para apresentar as inconsistências de uma abordagem culinária regionalista demasiado atrelada à divisão sociopolítica do Brasil, Dória revisita a história da expansão territorial do país. Pouco a pouco, ele nos ajuda a ver a diferença entre uma cozinha e um gosto desenvolvidos em um contexto urbano-litorâneo e aqueles do interior do país, particularmente nas áreas conhecidas como "sertão"[38]. Este último, mais identificado com a região Nordeste na obra literária de Euclides da Cunha, foi descrito de forma mais ampla – e poética – pelo romancista Guimarães Rosa como um "lugar que carece de cercas"[39]. Marcado por uma agricultura de subsistência e uma economia pecuária, o sertão é descrito por Dória como "um Brasil que não senta à mesa"[40].

Dória interessa-se pelos vários ciclos econômicos brasileiros – em torno da cana-de-açúcar, da mineração, do café, da borracha etc. – e pela culinária praticada nas regiões que absorviam "a mão de obra excedente de homens livres e pobres, os mesmos que 'sobravam' nos territórios após o encerramento de dado ciclo econômico"[41]. Muitas vezes, essas pessoas livres e pobres, à procura do necessário para sobreviver, mantinham certa distância da autoridade colonial[42]. Um

---

37. CM, 92.
38. Cf. FCB, 86.
39. FCB, 78.
40. FCB, 78. Propondo uma espécie de viagem geográfica e histórica, Dória convida seu leitor a revisitar os diferentes sertões do Brasil, desde a primeira colonização até a integração de colonos italianos e alemães, passando pelo ciclo da mineração (cf. FCB, 79-88).
41. FCB, 79.
42. Cf. FCB, 82.

anônimo, citado por Dória, disse sobre eles: "Obscurecendo-se as ideias que tinham principiado, familiarizavam-se com as dos índios, adotaram os seus costumes e reduziram-se a viver quase à maneira dos mesmos índios"[43].

Como essas populações rurais criavam gado, o leite e a carne eram produtos importantes em seu regime alimentar[44]. A dieta dos habitantes dos sertões – os sertanejos – também incluía carne de caça e pequenos animais de origem europeia. Além disso, vegetais como o feijão, o milho, a mandioca e a cana-de-açúcar também foram introduzidos em sua prática alimentar. Os três períodos mais felizes do ano seguiam o ciclo da colheita: do milho verde, da farinha (de mandioca ou de milho) e da moagem da cana-de-açúcar[45]. Como eles, normalmente, não eram os donos da casa – e estavam, portanto, livres para partir da terra cultivada a qualquer momento –, alguns se dedicavam à criação de pequenos animais e ao cultivo de hortaliças de ciclo mais curto[46]. Dória refere-se à cozinha dessas regiões nos seguintes termos:

> Distante do cadinho africano e da fartura que se construiu como imagem sedutora da alimentação litorânea, sua cozinha é tida como coisa de gente pobre, de vida simples, mas, na verdade, é portadora de uma tradição que, ainda hoje, mantém referências fortes do mundo ibérico[47].

O principal desafio gastronômico evidenciado por essa viagem culinária de Dória é o seguinte: "Tudo isso dispõe à

---

43. FCB, 82.
44. Cf. FCB, 83.
45. Cf. FCB, 84.
46. Cf. FCB, 85.
47. FCB, 86.

nossa mesa um Brasil diante do qual a sociedade culta e letrada jamais se propôs a sentar para celebrações"[48]. Isso nos remete a um paradoxo brasileiro: por um lado, quando falamos em cozinha regional, referimo-nos, sobretudo, à cozinha popular[49]; por outro, há um preconceito das elites – mesmo das elites regionais – em relação aos pratos produzidos por essas cozinhas[50]. Outro risco do discurso regionalista, muito presente hoje em dia no movimento gastronômico, é o de passar de um nacionalismo culinário – reconhecidamente imaginário – para um localismo extremo, sem a devida consciência de sua ligação com uma história nacional mais vasta[51].

Assim, um verdadeiro e frutuoso movimento regionalista deveria procurar evitar a perda de um patrimônio único – e não a acelerar por causa de discursos e práticas reducionistas:

> Parece anacrônico que se queira construir um discurso amplo sobre o regional e o local a partir das estratégias de resgate, quando não se sabe o que a cozinha brasileira *é* e muito menos o que *persiste* ou o que se *perdeu* ou está em vias de se perder[52].

Como em tudo o que diz respeito à nossa experiência humana – ao mesmo tempo enraizada, livre e criativa –, há outros caminhos possíveis para o discurso e a prática culinária contemporânea. E podemos aprendê-los com alguns irmãos e irmãs mais velhos.

---

48. FCB, 87.
49. Cf. FCB, 147.
50. Dória faz alusão ao preconceito de Gilberto Freyre em relação a essas cozinhas, mencionado em seu *Manifesto regionalista* de 1926 (cf. FCB, 87).
51. Cf. FCB, 140.
52. CM, 93.

8
A influência francesa e a diferença brasileira: uma inspiração metodológica

A formação de uma nova nação toca em várias dimensões da convivência: sistemas simbólicos, uma língua, um território, os costumes, uma historiografia, a literatura, as obras de pintura e de música e, claro, o tema que nos interessa aqui: a arte culinária[1]. Como vimos, essa formação nacional é acompanhada pelo desenvolvimento de certas narrativas, que têm um papel semelhante ao desempenhado pelos "mitos fundadores" dos povos antigos. Segundo Lévi-Strauss, os mitos seguem fundamentalmente duas lógicas diferentes: uma *retrospectiva*, que procura no passado a justificação da ordem tradicional; e outra *prospectiva*, que procura o germe de um futuro que começa a ganhar forma[2]. Dória nos mostrou alguns dos problemas associados aos mitos culinários brasileiros de tipo retrospectivo. Mas não deveríamos estar mais atentos às sementes do futuro, que já estão presentes no passado que acabamos de revisitar?

---
1. Cf. FCB, 23-24.
2. Cf. FCB, 139.

A escolha de um ideal culinário: a cozinha francesa

No século XIX, a França tornou-se o modelo culinário para as elites de várias partes do mundo, inclusive as do jovem Império brasileiro[3]. A partir de então, a gastronomia brasileira tem acompanhado os grandes momentos de inovação da cozinha francesa, seguindo os passos de seus pioneiros. Assim, durante o período napoleônico, o destaque vai para Marie-Antoine Carême, que propôs menus mais leves do que os da cozinha antiga, eliminando o excesso de gordura e introduzindo sopas, molhos e uma nova estética. Em seguida, no período da grande indústria hoteleira, a liderança coube a Auguste Escoffier, que promoveu a simplificação dos molhos e a sistematização e generalização dos procedimentos técnicos para a reprodução em série dos pratos. Mas ele também deu muita atenção à excelência das matérias-primas e à formação técnica dos cozinheiros. Na década de 1970, iniciou-se uma nova fase, graças ao gênio criativo de vários *chefs*, como Paul Bocuse, e seu novo jeito de comunicar com o público doméstico, pondo o foco na qualidade dos ingredientes encontrados em um simples mercado[4].

No entanto, uma série de peculiaridades da história culinária brasileira impediu que o país colhesse todos os frutos dessa influência. Em primeiro lugar, há uma dificuldade básica: enquanto as cozinhas nacionais europeias – como, por exemplo, as cozinhas das diferentes regiões da França e da Itália – podiam conversar entre si, como se fossem dialetos de uma mesma língua, as tradições matriciais das cozinhas brasileiras falavam

---

3. Cf. FCB, 27-29.
4. Cf. ECB, 87-89.

línguas diferentes[5]. Como fazer com que elas se comunicassem satisfatoriamente? Outra dificuldade estava ligada às burguesias brasileiras: de certa forma, elas haviam desistido de exercer um papel mediador na sociedade. Segundo Dória, nos países de herança colonial

> nem sempre as respectivas burguesias conseguiram construir um terreno comum com os demais estratos e classes da população. Quase nunca quiseram se confundir com as populações nativas, mantendo como forte referencial de sua identidade a origem europeia, e, através de uma cultura letrada restrita, criaram uma verdadeira dualidade sociocultural[6].

Como resultado desse fenômeno social, a gastronomia brasileira tem tido alguma dificuldade em reconhecer e aceitar como seu verdadeiro "patrimônio culinário" o que foi *produzido* pela história do país. Os estudos e os relatos gastronômicos em busca das "origens" centram-se, sobretudo, na difusão e na aceitação das tradições étnicas e regionais[7]. Além disso, as classes médias brasileiras desenvolveram um forte sentimento cosmopolita: estão sempre prontas a acolher e a experimentar o que vem de fora – o que não é uma atitude ruim em si! –, muitas vezes sem levar em consideração aquilo que as classes populares produziram no país[8].

No entanto, um fato curioso merece destaque: como a cozinha não era considerada uma atividade digna das classes letradas, ela era frequentemente confiada, mesmo nos espaços

---

5. Cf. ECB, 94.
6. FCB, 28.
7. Cf. ECB, 217.
8. Cf. FCB, 31.

urbanos mais ricos, a pessoas analfabetas. Dória vê nesse fato uma oportunidade de adaptação:

> Isso significa que mesmo as receitas mais formalizadas caíam em ambiente analfabeto, onde as cozinheiras eram levadas a interpretá-las a partir das recitações feitas pelos senhores ou patrões, conforme o repertório de que dispunham e no qual as influências populares certamente tinham grande peso[9].

Um obstáculo ao enraizamento culinário: o desejo de imitação

Segundo Dória, o mito tornou-se um terreno privilegiado no discurso sobre a cozinha brasileira devido a uma lacuna: "Não houve, até hoje, uma pesquisa histórica consistente que pusesse às claras o repertório culinário dos últimos quinhentos anos de alimentação"[10]. Essa lacuna se deve à ausência de um "conflito de hegemonia" entre as diferentes classes dominantes no Brasil: elas teriam adotado modos de fazer e de simbolizar semelhantes, primeiro com o olhar voltado para um modelo europeu e, depois, para um modelo norte-americano. Além disso, muitas vezes nutriam "um grande desprezo para o que pudesse cheirar a 'nativo'"[11].

Essa "vontade de ser europeu" constitui um grande obstáculo ao reconhecimento da diversidade culinária do país e a seu tratamento propriamente gastronômico:

---

9. FCB, 55.
10. ECB, 95.
11. ECB, 95.

A valorização desproporcional da *cozinha mineira* diante das demais, mesmo sendo ela uma cozinha decalcada em uma das cozinhas europeias camponesas, explica-se por essa vontade de ser europeu que atravessou os tempos. A cozinha de origem indígena, que só deitou raízes no norte, apresenta ingredientes bastante singulares, compostos de vasta relação de frutas, peixes e ervas da região. Mas ela reflete apenas o ecossistema amazônico, o que não cobre a totalidade da variedade de tradições indígenas do território brasileiro. Todas essas limitações indicam a vastidão do campo de experimentações gastronômicas que desafiam a culinária no país[12].

Esse "espírito de imitação" não se limitou às práticas e aos gostos pessoais das elites do país. Como poderíamos esperar, ele também assumiu uma forma institucional na constituição do Estado nacional. Seguindo o exemplo dos países modernos, o Estado brasileiro tenta regular todas as áreas ligadas às artes culinárias, desde a produção dos ingredientes até o consumo dos produtos. No entanto, em um impulso de imitação do sistema regulador dos Estados Unidos, o Estado brasileiro coloca-se, muitas vezes, no lugar do consumidor, tentando tomar decisões por ele em questões claramente discutíveis[13].

Um bom exemplo de intervenção paradoxal do Estado diz respeito ao queijo minas artesanal. Por um lado, o Estado reconheceu-o e declarou-o patrimônio nacional (a exemplo dos Estados europeus); por outro, proibiu sua circulação no território nacional (para além das fronteiras de Minas Gerais), devido aos riscos do leite cru (a exemplo dos Estados Unidos).

---

12. ECB, 95.
13. CM, 120.

Isso estimulou um grande comércio clandestino desse queijo nos grandes centros urbanos do país[14]. Defendendo uma abordagem mais adulta da questão, Dória declara: "Bem informado sobre o leite cru e seus supostos riscos, o consumidor saberá decidir, sem precisar do escudo policialesco que o separa desse patrimônio nacional"[15].

Neste país de dimensão continental, existe um grave risco institucional: o Estado pode exprimir os interesses de um grupo dominante, em detrimento de outros mais fracos. Segundo Dória, um exemplo paradigmático é o apoio do Estado à promoção das "cozinhas regionais", seguindo a lógica da indústria do turismo. O que o turismo considera "típico" não leva em conta nem a investigação etnográfica nem os estudos históricos[16]. Ao privilegiar um modelo de desenvolvimento ligado à grande indústria e ao comércio dos grandes produtores, o Estado ignora os problemas da pequena produção, dificultando a inserção dos pequenos produtores "nos modernos fluxos de mercadorias agroalimentares diferenciadas"[17].

O modelo institucional seguido pelas organizações não governamentais pode ser uma fonte de inspiração para o Estado brasileiro. Citando o exemplo dos membros de uma ONG que ajuda a desenvolver a produção e a comercialização de pimentas cultivadas por indígenas *baníua*, Dória destaca a forma como atuam: eles se dispõem a *conhecer* uma série de traços

---

14. Cf. CM, 257.
15. CM, 120.
16. FCB, 161. Em outro estudo, ele afirma: "O Estado vocaliza interesses concretos, como os da indústria do turismo, por exemplo. Esta vive do confronto das diferenças entre regiões e nações, diferenças que precisam ser fortes e claras, mesmo que não sejam tão importantes no dia a dia das pessoas" (CM, 70).
17. CM, 257.

da cultura *baníua* antes de *intervir*[18]. Dessa forma, essas organizações tornam-se o "agente forte" das produções locais, por uma simples razão:

> O ideário que as move é, em geral, muito amplo e orientado pela diretriz de favorecer os laços comunitários como estratégias de resistência aos efeitos destrutivos da economia capitalista[19].

Nosso gastrônomo aponta, assim, para a necessidade de inverter essas tendências culturais e econômicas. É importante superar a indiferença de boa parte das elites brasileiras em relação aos produtos do país – modificando esse "desejo pelo estrangeiro", que é mais forte do que o enraizamento na própria terra. Talvez isso ajude a encontrar soluções para o problema da circulação de ingredientes e produtos locais. Os brasileiros continuam a desconhecer a riqueza gastronômica que herdaram e os sabores disponíveis em seu território[20]. Com o objetivo de convidar o movimento gastronômico brasileiro a uma mudança, Dória assume um tom grave e profético:

> Enquanto não for possível superar situações como essa, o desenvolvimento nacional da gastronomia será uma quimera. Dependerá, como secularmente, do espírito de imitação que prevalece entre nossas elites e continuará a nos fazer estrangeiros em nossa própria terra. Continuaremos a ver

---
18. Cf. CM, 94.
19. CM, 93. Mais adiante, Dória dirá que o Estado, ainda que não seja o líder do desenvolvimento gastronômico, "deve ao menos desobstruir o caminho que as forças vivas da sociedade demonstram querer seguir" (CM, 257).
20. Cf. ECB, 98.

as riquezas do país pelos olhos dos seus visitantes estrangeiros e, alienados, experimentaremos o prazer mórbido de viver em um país saboroso por natureza, mas que nunca provamos em sua inteireza[21].

A boa imitação: a recepção de um método

Como o movimento gastronômico brasileiro poderia evitar a concretização dessa triste profecia? Dória parte da situação atual dos elementos presentes no discurso culinário brasileiro. Tecnicamente, o movimento gastronômico do país segue e quer manter a lógica ocidental francesa, acrescentando-lhe dois ideais: o nacionalismo (mais atento à unidade) e o regionalismo (mais atento à diversidade). Além disso, não se deseja esquecer as três grandes rubricas étnicas: as culturas culinárias de origem indígena, africana e ibérica[22].

Essa situação põe os gastrônomos brasileiros diante de dois desafios: por um lado, explorar os recursos naturais do Brasil no espírito do Iluminismo, à origem da alta cozinha, "quando a potência da razão humana rompe os limites do mundo ideal para deitar cidadania no mundo empírico"[23]; e, por outro, desenvolver o "diálogo sempre difícil – quando não impossível – entre sistemas culinários diferentes, como os que nomeadamente compõem a nossa tradição"[24].

---

21. CM, 257.
22. Cf. FCB, 115.
23. ECB, 94. Sobre esse assunto, Dória admira o trabalho de Hervé This, que conseguiu mostrar a afinidade entre as emulsões, para além de seu lugar no cardápio (maionese, creme chantilly, *sauce béarnaise*, mousse de chocolate...) (cf. FCB, 116).
24. ECB, 94.

No que diz respeito ao Estado brasileiro, o caminho seria seguir o bom exemplo dos países europeus e das ONGs. Deve-se fazer um esforço no sentido de conhecer melhor, inventariar e desenvolver as normas das produções agroalimentares que já existem no país, especialmente as de tipo artesanal, possibilitando avanços gastronômicos e benefícios sociais[25]. No tocante à investigação gastronômica, é importante compreender melhor o que significou, na tradição francesa, a definição de "pratos patrimoniais". Com base em um estudo da socióloga e historiadora da alimentação Julia Csergo – sobre o lugar do *pot-au-feu* no desenvolvimento da gastronomia francesa –, Dória aponta o caminho a seguir:

> O aspecto mais interessante do estudo é o metodológico. Parte-se de algo bastante comum, difundido de tal maneira que somente as pequenas diferenças podem falar de suas origens regionais ou locais, para se dissolver novamente em uma questão geral, como o reconhecimento de que a estrutura desse prato é que constitui o seu aspecto patrimonial, isto é, o substrato comum de várias trajetórias históricas locais, mais tarde objeto de manipulação política que endereça um discurso alimentar integrador de toda a nação francesa[26].

Segundo Dória, o caminho de universalização da cozinha francesa deve-se à sua capacidade de identificar, com clareza, a lógica constitutiva de sua arte culinária. Essa compreensão aprofundada da realidade permitiu réplicas e reinterpretações, libertando sua cozinha de uma tendência a se fixar em um

---

25. Cf. CM, 113.
26. CM, 106.

território e em um tempo determinado[27]. Com base nisso, ele vê um caminho virtuoso percorrido, por exemplo, por Paula Pinto e Silva, que, mesmo revisitando os "mestres" da história da alimentação brasileira, afasta-se deles para buscar uma nova porta de acesso "às particularidades e especificidades do processo de criação da sociedade brasileira"[28]. Dória cita um fragmento desse estudo:

> [...] é possível insistir na existência de um tripé alimentar formado por farinha, feijão e carne-seca, nascido no bojo da sociedade colonial a partir do encontro e desencontro de culturas diferentes, e que acena para a forma peculiar como se desenvolveu essa sociedade, marcada pela dicotomia, pela hierarquia, pela diversidade e pela fome[29].

Essa estrutura triangular – explicitada a partir da realidade alimentar concreta do período colonial brasileiro – permitiria uma reflexão mais profunda sobre a constituição dessa sociedade e de seu modo de comer[30]. Mais do que afirmar um modelo único, Dória vê o esforço de identificação e elaboração de critérios enraizados em formas particulares de cozinhar como um grande aliado do desenvolvimento gastronômico. A compreensão dos princípios subjacentes a um conjunto de pratos permite "um nítido avanço do conhecimento e abrem-se possibilidades de pesquisas e criação"[31]. Esse caminho, aberto pela cozinha francesa, pode conduzir

---

27. Cf. FCB, 137.
28. ECB, 209.
29. ECB, 209.
30. ECB, 209.
31. FCB, 116.

o Brasil a um verdadeiro e autêntico desenvolvimento gastronômico, porque

> a culinária se situa nos "modos de fazer" de uma determinada cultura e a sua permanência depende menos dos relatos – como no caso dos mitos – do que da sua incrustação na vida prática. Como cultura ativa, ela sofre transformações resultantes das pressões de novos padrões de alimentação que vão sendo adotados pelos grupos humanos e pela própria transformação do gosto que daí resulta. Assim, a gastronomia moderna vive em estreita dependência da pesquisa. Ela é uma constante – e inacabada – reinterpretação de dados históricos e etnográficos sob a ótica dos valores gustativos do presente. Sem esse diálogo, a gastronomia esmorece[32].

Quando, enfim, entendemos esse "método", quais novos paradigmas e novas narrativas podemos encontrar e criar?

---

32. ECB, 216.

9
A busca de novos paradigmas de unificação: três exemplos inspiradores

Graças a dois fenômenos, o Brasil vive um momento favorável à busca de novos paradigmas capazes de unificar a diversidade culinária do país: por um lado, vive-se um momento de "identidade nacional claudicante"[1]; por outro, a cozinha brasileira, não tendo o "vigor" das cozinhas francesa e italiana, é ainda "uma cozinha em construção, longe de ter atingido seu acabamento"[2]. Esse "acabamento" não é sinônimo de fixação, mas a expressão de uma maturidade desejável. Isso depende de um verdadeiro esforço coletivo para "revirarmos as tradições, observarmos as cozinhas populares, experimentarmos técnicas e combinações de ingredientes que possam se firmar e generalizar"[3]. Esse esforço seria um grande impulso para a qualidade de vida e para a gastronomia do país. Perante esse desafio, surge uma questão mais ampla, segundo Dória:

---

1. CM, 92.
2. FCB, 11.
3. FCB, 11.

No mundo globalizado impõe-se, mais do que nunca, a questão: há lugar para uma gastronomia que possa ser reivindicada como "brasileira"? A própria noção de gastronomia foi muito prejudicada entre nós pela dominância do enfoque histórico e antropológico sobre os hábitos de comer – diretriz claramente estabelecida em obras consagradas como as de Câmara Cascudo e Gilberto Freyre. Apesar do valor inegável desses pioneiros, é hora de ir além deles – das suas fontes e dos seus propósitos – para redescobrir um Brasil culinário que sirva à gastronomia mais do que ao nacionalismo. Matérias-primas, modos de fazer, superando regionalismos estabelecidos por parâmetros extragastronômicos, poderão dar um vigoroso impulso à nossa presença na cena mundial[4].

Diante da pergunta "o que é a cozinha brasileira?", um teórico culinário é obrigado a fazer um desvio e enumerar alguns pratos. Segundo Dória, a razão para isso é relativamente simples: "Falta-nos o conceito que unifique a coleção de receitas ou pratos rememorados, obrigando-nos, assim, a esse exercício de exemplificação"[5]. Por isso, está na hora de propor novos conceitos, novos sistemas de classificação, sabendo que uns são "mais úteis do que outros"[6]. O gastrônomo sugere que se deixem de lado os sistemas "arqueológicos" – que, no caso

---

4. ECB, 201.
5. FCB, 17.
6. FCB, 117. Levando em consideração a evolução das práticas alimentares, Dória afirma: "Ao longo da história, algumas delas desapareceram, outras prevaleceram, por vezes se combinando e criando convergências, que, mais tarde, mal deixaram ver as formas originais. É muito difícil, porém, estabelecer onde e como isso se deu, de modo que a descoberta de princípios constitutivos dos pratos pode ser mais útil ao entendimento da culinária resultante do que a busca histórica de suas 'origens'" (FCB, 119-120).

do Brasil, caíram em uma mitologia redutora –, porque "é quase da ordem do mistério o modo como se formaram os sistemas culinários"[7].

O caminho proposto por ele privilegia uma abordagem concreta, determinada pela observação dos ingredientes, das práticas e técnicas culinárias atuais e do *terroir*. Além disso, ele distingue entre um exercício de classificação que busca a semelhança externa dos costumes e um exercício que busca sua unidade interna – que é o modelo que ele quer seguir[8]. Finalmente, nosso gastrônomo procura não só um critério capaz de reunir diferentes práticas alimentares e pratos (o que torna visível a unidade de um modelo), como também está interessado em um jogo de oposições dentro desse modelo (revelando sua diversidade interna)[9]. Aqui, analisaremos três modelos de classificação propostos em sua reflexão gastronômica.

---

7. FCB, 34. A reflexão gastronômica atual pode, entretanto, reter um fruto dos discursos culinários precedentes: "Sempre que falamos de cozinha nacional temos de ter em mente que ela se constituiu num longo processo transacional entre diferentes cozinhas, nas quais exorcizamos do nosso lado ocidental aquela porção eurocêntrica que trazíamos dentro de nós" (CM, 75).
8. Cf. FCB, 117. Eis um exemplo de unidade interna que diz respeito às diversas formas de cocção: "O que liga todos esses diferentes modos de cozimento é a desnaturação das proteínas, que, no processo, mudam suas propriedades" (FCB, 118).
9. Cf. FCB, 117. Dória se inspira no esforço de classificação alimentar elaborado por Lévi-Strauss – cru, cozido e podre –, bem como em sua interpretação sobre a oposição entre natureza e cultura. Sobre o princípio de oposição, ele afirma, a partir da especificidade da história brasileira: "Países como o Brasil se fizeram na confluência de diferentes tradições culinárias, e é de se supor que elas tenham se enfrentado de maneira antagônica, visto que formavam diferentes arquiteturas do gosto" (FCB, 119).

Um modelo binário de manipulação de ingredientes: secos e molhados

Denominação de tradição portuguesa, "secos e molhados" era o nome dado aos grandes mercados de alimentos das antigas cidades brasileiras. Essa distinção já estabelece um princípio organizacional que corresponde a alguns elementos importantes da prática culinária atual no Brasil, ao mesmo tempo em que remete à sua constituição histórica. Com efeito, a cozinha urbana contemporânea conserva traços de dois tipos de sociedade mais antigos: uma sedentária, de tipo rural; outra ligada aos conquistadores, responsáveis pela constante expansão das fronteiras[10].

Esses dois sistemas de organização social levaram ao desenvolvimento de dois tipos de cozinha: uma cozinha de pratos "secos", facilmente transportáveis em épocas de caça e conquista, e uma cozinha de pratos "molhados", preparados para consumo em situações de estabilidade[11]. Essa matriz reflete também uma distinção – ligada às culturas indígenas – entre a farinha seca (conhecida como "farinha de guerra") e a farinha molhada (conhecida como "farinha fresca"), podendo a primeira ser conservada durante mais tempo[12].

Esse mesmo princípio é identificado com a preparação da carne e do peixe: quando frescos, são utilizados em pratos preparados para consumo imediato; quando secos, defumados ou desidratados, são guardados como excedente para outros momentos mais oportunos[13]. Até os missionários criaram pratos

---
10. Cf. FCB, 123.
11. Cf. FCB, 124.
12. Cf. FCB, 125.
13. Cf. FCB, 126-127.

de acordo com essa variação[14]. Esse princípio de classificação leva em conta o papel da água na alimentação, bem como os processos culinários de desidratação e reidratação[15].

É claro que esse modelo não é uma particularidade brasileira. Dória explora a história do desenvolvimento dos pães no Ocidente (fermentados e ázimos, e até mesmo a invenção do macarrão pelos judeus expulsos da Península Ibérica) e seu consumo com diversos caldos e sopas. Da mesma forma que o pão pode ser considerado um eixo histórico da cozinha europeia (sendo o "suporte" das sopas), as preparações à base de farinha de milho e de mandioca podem se revelar como o fio condutor de um princípio explicativo da cozinha brasileira[16].

Partindo desse princípio, Dória propõe uma linha classificatória de vários pratos à base de milho ou mandioca, organizada segundo a gradação da mistura entre farinha e água, indo do mais "seco" ao mais "molhado"[17]. Esse modelo teria a vantagem de ajudar os cozinheiros e as cozinheiras a verem uma unidade em uma gama muito vasta de pratos, abrindo, assim, o caminho para as inovações. Ele poderia, também,

---

14. Dória faz referência à preparação da jacuba: uma preparação simples, à base de farinha de milho ou de mandioca, possivelmente inventada pelos jesuítas para mitigar a fome nos dias de jejum (cf. FCB, 128-129).
15. Cf. FCB, 127-128.
16. Cf. FCB, 120-122. Como as diferentes famílias indígenas brasileiras dispunham de preparações culinárias variadas à base de mandioca ou de milho, Dória faz uma crítica provocadora à interpretação tradicional, segundo a qual os ingredientes locais foram absorvidos pelas técnicas europeias: "Não teria sido o contrário? Não teria sido o gosto europeu submetido pelas práticas culinárias locais, a exemplo do que aconteceu com o chocolate no México?" (FCB, 123).
17. Cf. FCB, 134.

favorecer a valorização de certas preparações culinárias pouco apreciadas na gastronomia atual[18].

Um modelo multicêntrico dos biomas: as "manchas" regionais

Outro modelo busca destacar a unidade interna de uma determinada região. No entanto, a ideia não é seguir a divisão sociopolítica da cozinha brasileira por estados confederados (proposta ligada à indústria do turismo), mas sim adotar um novo cardápio organizado em torno dos ingredientes e produtos típicos de determinadas regiões[19]. Essa organização se inspira na definição de *terroirs* culinários. Mas, no Brasil, é preciso considerar tanto o processo pré-colombiano de disseminação da mandioca e do milho quanto a globalização da economia alimentar (a integração e a aclimatação de ingredientes de outras partes do mundo), realizada no período colonial.

Dória cita o exemplo das diversas preparações culinárias de um fruto – o *pequi* –, cujo uso está associado, no imaginário turístico, ao estado de Goiás. No entanto, não é preciso fazer uma pesquisa aprofundada para perceber que seu consumo ultrapassa as fronteiras estaduais: ele também é muito utilizado em Minas Gerais, na Bahia, no Pará e na região do Cariri[20].

---

18. Em outro estudo, Dória questiona, por exemplo, a ausência de um trabalho sério sobre o cuscuz (de milho ou de mandioca) na gastronomia brasileira: "[O cuscuz], apesar de ser um prato patrimonial – isto é, com história que incorpora diferentes momentos da vida nacional, tendo se acomodado em várias culinárias regionais –, não é reivindicado como nacional ou considerado emblemático" (CM, 109).
19. Cf. FCB, 93.
20. Cf. FCB, 166-167.

Para que esse modelo regional seja efetivamente desenvolvido, Dória ressalta que é preciso avançar nas pesquisas em duas áreas específicas: por um lado, fazer o inventário do potencial alimentar dos três principais biomas brasileiros – Amazônia, Cerrado e Mata Atlântica – e, por outro, conhecer melhor as práticas e costumes alimentares de diferentes espaços socioculturais – os quilombos, os territórios indígenas, as comunidades mestiças, as regiões de colonização antiga e de produção especializada[21].

Enquanto se aguarda o aprofundamento das pesquisas, Dória sugere uma primeira classificação baseada em "manchas" regionais, ou seja, regiões com fronteiras menos rígidas, mais "porosas": a cozinha amazônica; a cozinha litorânea; a cozinha baiana; a cozinha do sertão setentrional; a cozinha do sertão meridional (estendendo-se até o Centro-Oeste); a cozinha caipira[22]. Esse modelo é mais exploratório do que classificatório: sua vantagem está na possibilidade de examinar uma maior diversidade de ingredientes por região e de técnicas no interior das várias comunidades. Mas a integração dessas "manchas" culinárias em um todo maior – a cozinha nacional – continua sendo um desafio.

O modelo ternário de um prato nacional: o arroz com feijão

Os dois modelos anteriores ajudam-nos a ver tanto a unidade culinária – onde a diversidade de pratos poderia parecer

---

21. Cf. FCB, 110.
22. Cf. FCB, 94-95.

caótica – como a diversidade culinária – onde uma conceituação sociopolítica da unidade territorial parece achatar a riqueza das cozinhas locais. Neste último modelo, Dória segue um caminho diferente, explorando um quase "silêncio" e "invisibilidade" no discurso culinário brasileiro[23]. Trata-se da mistura "arroz com feijão", base da refeição da grande maioria dos brasileiros, em todas as regiões do país. Ele considera que "o discurso-silêncio sobre esse marcador é ele mesmo expressivo"[24]. Ao classificar esse prato como um "alimento invisível" para a gastronomia – um alimento cotidiano, como todas as variedades familiares não comercializadas –, ele questiona:

> E qual é o papel do invisível em culinária senão exatamente permitir situar os que partilham uma mesma tradição diante dos demais como sendo portadores de uma identidade que absolutamente não pode ser posta em questão, como é a tradição familiar[25]?

Dória considera que a mistura de arroz e feijão é o prato nacional por excelência, aquele por meio do qual "se expressa a variante brasileira do sistema alimentar ocidental, ou seja, o próprio sistema culinário do país"[26]. A difusão do arroz no Brasil foi tardia (no século XVIII), sobretudo após a chegada da corte portuguesa ao Rio de Janeiro[27]. Mas ele já era valorizado pela "cozinha de santo", ligada ao Candomblé, religião

---

23. Cf. FCB, 174.
24. FCB, 188.
25. FCB, 188.
26. FCB, 170.
27. Cf. FCB, 171.

de matriz africana[28]. Como o arroz é um "suporte" – assim como o pão nas matrizes culinárias europeias –, nosso gastrônomo concentra sua atenção analítica no feijão, cuja importância atravessa todos os períodos da história do país[29].

No Brasil, existem vários tipos de feijão: alguns de origem indígena (como o "feijão-comum"), outros de origem asiática (como o feijão-fradinho) e outros ainda de origem africana (como o "feijão-andu")[30]. As preparações variam de acordo com uma gradação que vai de um "feijão magro" a um "feijão gordo", culminando na feijoada[31]. As variedades preferidas de feijão, diferentes de região para região, também foram difundidas graças à migração interna[32]. O consumo anual varia consideravelmente entre as cidades e as zonas rurais: uma média de 12,86 quilos e 23,46 quilos *per capita*, respectivamente[33].

A popularidade incontestável desse produto em todo o território nacional, bem como as diferentes formas de prepará-lo, levaram Dória a se perguntar: "O que os pratos com feijões variados nos dizem sobre o Brasil?"[34]. Sua hipótese é a seguinte: a universalização do feijão em todo o país se deve a um uso que incorpora particularidades regionais, tradições e gostos familiares. De fato, "não há um só feijão, nacionalmente uniforme, que seja buscado e utilizado em todo o país"[35]. Esse produto "universal" permite uma variação quase infinita,

---

28. Cf. FCB, 171.
29. Cf. FCB, 171-172.
30. Cf. FCB, 174.
31. Cf. FCB, 179-180.
32. Cf. FCB, 177.
33. Cf. FCB, 176.
34. FCB, 178.
35. FCB, 184.

pois, "se o feijão varia regionalmente, ele varia mais ainda na casa das famílias de qualquer região"[36].

Na cozinha popular, a discussão em torno de uma preparação à base de feijão não se centra em sua espécie, mas sobretudo na forma como é temperado. Compete, então, ao gastrônomo formular a questão: "Como se explica que o principal atributo identificado no feijão preparado deixe de ser sua variedade botânica e se desloque para o tempero a ele acrescentado?"[37]. Para Dória, mesmo que o consumo de feijão seja universal no Brasil – o que simbolicamente liga os brasileiros à comunidade nacional da qual fazem parte –, a enorme variedade de preparações produz um efeito curioso: "Só existe para mim o 'meu feijão' e ele está ligado, pelo tempero acrescentado, a meu mundo subjetivo"[38].

A forma como é temperado, revelando os aspectos mais idiossincráticos de uma pessoa e de um lar, torna-se uma marca de identidade: "Combinando-se assim a cozinha doméstica com a cozinha regional e nacional pela mediação que é o ato de temperar o que é de uso mais geral"[39]. Além disso, essa combinação implica uma importante mudança concreta e simbólica: "Ao puramente 'nutritivo', o lar acrescenta o prazer"[40]. A força desse prato reside, pois, em sua capacidade de ser um marcador cultural múltiplo[41]: "O feijão é o elemento culinário que articula o país (*patria*), a região ou a localidade

---

36. FCB, 185. Por isso, sua análise sobre este modelo tem como título: "Feijão como país, região e lar".
37. FCB, 185.
38. FCB, 185.
39. FCB, 186.
40. FCB, 186.
41. Cf. FCB, 189.

(*locus*) e a família (*domus*), em um sistema de aproximações e afastamentos complementares"[42].

O interesse desse modelo analítico reside na identificação de um elemento culinário que permitiu integrar o desejo de unidade e de diversidade nacionais, pondo em evidência esse interessante jogo de proximidade e de distância. É por isso que, após apresentar os dados históricos sobre esse ingrediente e suas próprias análises, Dória conclui:

> O feijão é a expressão mais clara do patrimônio culinário brasileiro e de sua dinâmica: uma coisa que possui uma qualidade gustativa indiscutível e indiscutida, justamente porque todos os que dele partilham matizam a uniformidade pela adoção de cores, formatos variados e modos de fazer[43].

* * *

Carlos Alberto Dória ajudou-nos a reler as narrativas, os mitos fundadores e sua relação com a história concreta da cozinha brasileira. Ao passarmos com ele de um discurso culinário baseado em uma utopia político-nacionalista para outro centrado em uma utopia estritamente gastronômica, vimos emergir outras narrativas possíveis: narrativas que não eliminam os elementos justos dos discursos anteriores, mas que os integram em uma reflexão mais ampla – e mais próxima da realidade. Essa reflexão leva em conta, também, os elementos dramáticos da história deste país, bem como a diversidade de soluções de vida desenvolvidas por sua população. O incentivo a novas pesquisas empíricas revela uma ambição epistemológica:

---

42. FCB, 187.
43. FCB, 188-189.

essas novas narrativas culinárias estão, de fato, à espera de serem superadas e ultrapassadas, sob pena de não podermos colher os frutos da história de um povo que ainda não revelou todo o seu potencial gastronômico.

Ao concluir esta parte sobre as narrativas identitárias de um povo, é hora de voltarmos, na quarta e última parte de nosso itinerário, ao tempo presente, no qual todos nós temos o desafio de construir um projeto pessoal, enraizado e aberto ao mundo. Mas antes disso, em homenagem àqueles que nos ajudam a aprofundar nossa reflexão, daremos mais uma vez a palavra ao grande *chef* Santi Santamaria, que Dória considera – com razão, em nossa opinião – um filósofo da gastronomia:

> Para mim, a questão da identidade se apoia primeiramente na língua e, logo em seguida, na culinária. Cada país apoia aí a sua riqueza. Perder um idioma é perder uma riqueza muito grande. O mesmo com a culinária. Perder pratos tradicionais, com histórias de elaboração que às vezes têm mais de seiscentos anos, perder uma forma de cozinhar é uma perda muito grande para um país e para uma nação. A tendência à homogeneização, à uniformização, é um perigo enorme[44].

---

44. ECB, 192.

SER *CHEF*

NOS CRUZAMENTOS DE UMA CIDADE:

POR UMA COZINHA SEMPRE NOVA

PARTE QUATRO

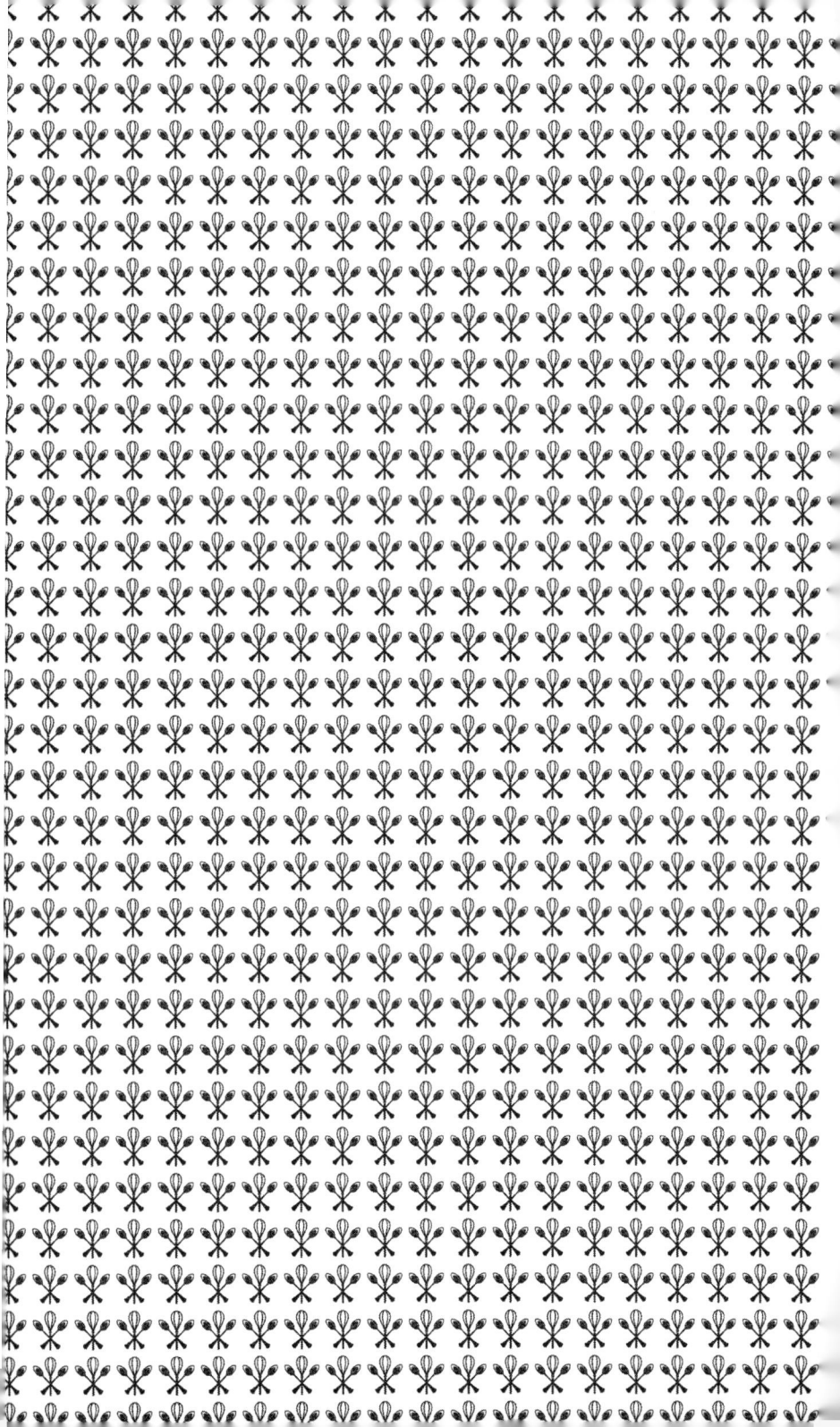

10
A megalópole de São Paulo: testemunha dos desafios gastronômicos contemporâneos

Nesta última parte de nosso itinerário, faremos um exercício de verificação, a partir de um exemplo: como os projetos culinários dos *chefs* brasileiros se aproximam ou se afastam dos pontos fortes e fracos das utopias reveladas pelo discurso culinário de nosso país? Depois de termos revisitado a constituição de uma "personalidade culinária" em relação com os vínculos domésticos e de amizade, bem como as ambiguidades dos discursos gastronômicos baseados em certa ideologia da nação, é tempo de voltarmos nossa atenção para uma categoria sociogeográfica intermediária: a cidade. Toda cidade – esse espaço público concreto onde se devem articular as várias tradições familiares – estabelece uma dinâmica de aproximação e distanciamento em relação às idiossincrasias dos lares domésticos e à tendência hegemônica dos discursos sobre os símbolos de unidade, sejam eles nacionais, regionais ou étnicos.

Para estudar essa tensão entre o individual e o ideológico, e a evolução desse confronto, vamos primeiro olhar para a megalópole de São Paulo, a partir de três perspectivas que ligam o pessoal e o coletivo: a experiência de Dória em relação aos restaurantes, uma segunda globalização culinária no limiar do século XX e, algumas décadas mais tarde, o aparecimento de uma nova figura na cena pública: o *chef* de cozinha. A partir dessa cidade periférica do Ocidente, propomos uma interpretação do estado atual da gastronomia mundial. Por fim, alargaremos nosso entendimento sobre as buscas gastronômicas contemporâneas, graças à singularidade de outras figuras do sistema culinário da cidade.

O interesse crescente do público pela gastronomia é um fenômeno contemporâneo, cujas consequências ainda não são bem conhecidas. Dória descreve as novidades ligadas a essa expansão no Brasil:

> De repente o Brasil parece pronto para um salto de qualidade na sua gastronomia. Um ânimo novo comanda os espíritos: a classe média se dá conta de que cozinha não é "apenas" o lugar do batuque; as universidades oferecem cursos "superiores" de culinária; as editoras descobrem um novo filão, ainda que não se arrisquem a editar os verdadeiros clássicos do gênero; o *boom* dos *gadgets* de precisão transforma a cozinha no coração *high-tech* da casa; centenas de novos bistrôs pipocam no eixo Rio-São Paulo; cursos de culinária para amadores povoam as noites paulistanas; as revistas especializadas multiplicam-se. Há a sensação de que um país moderno necessita de uma gastronomia desenvolvida. Mas o que pode ser o desenvolvimento gastronômico brasileiro nas condições atuais? Seguramente há dois caminhos fecundos seguidos ou a seguir: o da imitação e o da criação[1].

---

1. ECB, 92-93.

O autor fala de um movimento que atinge as grandes cidades do país, mas suas reflexões dizem respeito, especialmente, ao processo de diferenciação entre o estado e a cidade de São Paulo. A migração interna e a chegada de imigrantes estrangeiros transformaram radicalmente a relação entre os habitantes da cidade e sua cozinha. O que essas mudanças culinárias podem nos dizer sobre um cozinheiro e uma cozinheira em busca de realização pessoal e profissional no mundo contemporâneo?

Uma narrativa pessoal: o Dória dos restaurantes

Oriundo do interior do estado de São Paulo, Carlos Alberto Dória dedicou-se à compreensão do fenômeno culinário próprio desse estado e de sua capital, onde vive desde a adolescência. Como todo pensador está bem situado no espaço e no tempo, seu pensamento e suas propostas gastronômicas podem ser iluminados a partir dessa abordagem local – ao mesmo tempo, como veremos, profundamente globalizada. Antes de escolher como tema de sua pesquisa científica a culinária desenvolvida no Brasil, Dória vivenciou a evolução gastronômica de São Paulo sob outra perspectiva: a de um dono de restaurante.

Teremos acesso a um relato em primeira pessoa, no qual nosso autor narra sua experiência como sócio de quatro projetos de restaurantes em São Paulo (e um no Rio de Janeiro), nas décadas de 1980 e 1990, que testemunharam a evolução do cenário gastronômico nessa megalópole. Como o restaurante do Rio de Janeiro – o *Vilegagnon* – teve um ciclo de vida relativamente curto e não obteve o sucesso dos projetos desenvolvidos em São Paulo[2], nossa atenção vai se concentrar na evolução dos outros empreendimentos (quatro restaurantes ou bares), que são, por ordem de criação, o *Danton*, o *Machiavelli*, o *Badaró* e o *Nabuco*. Os nomes desses estabelecimentos indicam o "espírito" de cada projeto: trata-se, respectivamente, dos sobrenomes de um revolucionário francês, de um pensador político italiano, de um jornalista (ativista) italiano naturalizado brasileiro e de um historiador e político brasileiro.

Esses nomes não são insignificantes, pois simbolizam o que poderia, a cada momento, interessar às classes médias em busca de prazer gastronômico. O serviço oferecido por esses estabelecimentos baseava-se em dois princípios fundamentais: o primeiro era oferecer aos clientes um "clima" e um sabor semelhantes aos dos países a que prestavam homenagem (França e Itália)[3]; o segundo, que veio depois, era oferecer uma redescoberta culinária do Brasil, graças a um novo "orgulho brasileiro" que pairava no ar naquela época[4]. No entanto, todos esses projetos foram concebidos e executados por brasileiros, o que nos dará alguns exemplos interessantes para nossa reflexão.

Dória fala-nos mais detalhadamente sobre a criação e instalação do *Danton*, que, sendo o primeiro projeto em que esteve envolvido, funcionou como um "viveiro" para os futuros

---

2. Isso talvez sugira um déficit de conhecimento a respeito de outra megalópole. Dória confessa: "Compreendi que o Vilegagnon não passava de um devaneio de paulistanos à beira-mar e que nunca deitaria raízes na cidade" (ECB, 44).
3. Cf. ECB, 33.
4. Dória expressa essa realidade ao falar da concepção do Badaró: "Eu intuía que certa brasilidade estava no ar, uma espécie de 'orgulho brasileiro' parecia se esboçar como reação à globalização em vários domínios" (ECB, 58).

empreendimentos. Além da referência à culinária francesa e à Revolução Francesa, o nome do restaurante foi pensado como uma homenagem a um dos sócios, que esteve exilado na França durante os governos militares brasileiros[5]. O nome evoca uma geração de exilados que regressam a seu país de origem após um período de isolamento político, desejosos de reencontrar suas raízes e mergulhados nas tradições do país de acolhimento. Mas havia também, naturalmente, toda uma geração que tinha ficado no país, entre os quais os membros das classes trabalhadoras, que eram, na altura, recrutados para esse tipo de estabelecimento comercial. Como essa combinação de circunstâncias moldou este primeiro projeto de restaurante?

A principal qualidade exigida ao futuro cozinheiro do *Danton* – que pretendia oferecer um ambiente de bistrô parisiense – era a capacidade de reproduzir certos pratos franceses. Dória conta: "O nosso melhor copista era um cozinheiro analfabeto [...]. Bastava fazer um prato diante dele uma única vez para que o reproduzisse infinitas vezes sem jamais olhar uma receita e sem se afastar um milímetro do estabelecido"[6]. Tanto o cozinheiro como o *barman* são descritos como simpáticos e carismáticos, mas sem muita teoria[7].

Havia uma tensão nos bastidores do restaurante, não notada pelos clientes: o trabalho na cozinha estava reservado aos homens do Nordeste, enquanto o serviço na sala de jantar era da responsabilidade dos homens do Sul. Por quê? Porque, naquele momento da história do Brasil, os migrantes nordestinos que chegavam a São Paulo eram, por vezes, analfabetos

---

5. Cf. ECB, 31.
6. ECB, 33.
7. Cf. ECB, 31.

e desdentados – razão pela qual ficavam na cozinha, sujeitos ao calor dos fornos – enquanto os migrantes sulistas, alfabetizados e com um sorriso considerado bonito, eram mais "apresentáveis" perante os clientes. Estabelecendo uma espécie de hierarquia arbitrária, muitas vezes, este segundo grupo desprezava os que trabalhavam na cozinha. Dória recorda o conflito:

> [Este foi] o primeiro conflito estrutural na área de restauração com o qual teríamos sempre que nos enfrentar: a divisão preconceituosa entre os trabalhadores. [...] Cada grupo considerava o outro uma verdadeira "máfia"[8].

Assim, no espaço muito reduzido de um restaurante de uma grande cidade, os sócios desse empreendimento viram reproduzir-se contradições e preconceitos próprios do país. O conflito teve consequências para a gestão do estabelecimento, uma vez que cada erro ou omissão era sempre apresentado como sendo culpa da outra "máfia"[9]. Mais tarde, no *Nabuco*, os sócios decidiram incluir jovens de classe média na equipe do salão, na esperança de mudar o estilo de serviço e atenuar os conflitos, sem grande sucesso. Segundo Dória,

> [esses jovens] pouco puderam fazer, além da dedicação pessoal, pois o "espírito de corpo" dos garçons profissionais fez com que se fechassem ainda mais, refratários a qualquer mudança[10].

---

8. ECB, 32.
9. Cf. ECB, 255.
10. ECB, 52.

Voltemos à cozinha. Embora a ideia original fosse reproduzir alguns pratos franceses, a adaptação e a inovação não demoraram a acontecer. Dória fala, por exemplo, da versão de filé "Monégasque" preparada no restaurante: "Na verdade a nossa adaptação deu uma 'italianizada' em uma preparação francesa"[11]. Além de adaptações que misturam tradições, o restaurante também ofereceu pratos criados internamente, como a "galinha d'angola a Lévi-Strauss", o "sorvete de tomate", entre outros. O resultado não foi ruim, diz ele, mas também não foi ótimo. Nosso gastrônomo explica-o da seguinte forma: "Nessa época, acreditava que invenção culinária era expressão do desejo e intuição e nada mais"[12].

Uma nova consciência virá com a experiência: "A rigor, só com um mínimo de preparação prévia podemos passar do desejo de comer para o desejo de conhecer o que os *chefs* fazem com a comida, buscando nos agradar"[13]. Dória recorda o testemunho de um *chef* francês que esteve à frente do *Danton* durante uma curta estada no Brasil: "Sua compreensão, depois daquela aventura, era de que o Brasil vivia, em matéria de restauração, um estágio pelo qual a França havia passado nos anos quarenta"[14]. Portanto, havia uma mistura de boa vontade, criatividade e uma base técnica herdada da tradição oral, mas ainda faltava organização, reflexão e uma melhor formação teórica e prática.

O *Machiavelli* foi concebido segundo os mesmos princípios do *Danton*, só que com outras referências – agora eram italianas. A mudança de paradigma veio com a criação do

---

11. ECB, 36.
12. ECB, 36.
13. ECB, 30.
14. ECB, 38. Trata-se do *chef* Alain Pastre.

Badaró e do *Nabuco*, que buscavam oferecer uma cozinha brasileira. Um arquiteto foi convidado para projetar o espaço desses estabelecimentos, sinal de uma crescente consciência profissional. O pensamento do arquiteto Felippe Crescenti é sintomático de fenômenos recorrentes na sociedade brasileira:

> Creio que o Brasil está importando estilos e tendências em demasia, na maioria das vezes inadequados ao meio em que vivemos. Não questiono a necessidade de assimilarmos informações atuais, mas sim a maneira plena e literal com que se faz isso. [...] Quando se trata de um restaurante, acredito que deva ter o jeito do dono, do *chef* e seu estilo de cozinhar. Esse *mix*, mais a localização e seu público, resultará em um espaço único, novo e interessante que, se tiver qualidade, será um sucesso por quanto tempo durar[15].

O "excesso" de influências sofridas, a falta de adaptação ao contexto e a procura de uma identidade singular – esse "espaço único" – marcariam a nova fase gastronômica do final da década de 1990, momento em que Dória abandonou seu envolvimento nesses negócios. O *Danton* – o mais conhecido de seus restaurantes – tinha tido problemas de gestão, por causa das mudanças ocorridas no bairro e nas zonas limítrofes[16]. Além disso, a lógica econômica de alguns dos sócios começou a sobrepor-se à lógica gastronômica[17]. Era o fim de um ciclo, que talvez tenha ajudado nosso autor a perceber melhor suas motivações. Ele diz que teve a coragem de embarcar no

---

15. ECB, 48.
16. Cf. ECB, 44.
17. Cf. ECB, 62.

projeto do *Danton* por causa do choque de ter visto desaparecer um bar muito importante em sua adolescência: "Jamais imaginara que uma instituição como aquela pudesse ruir"[18]. Como podemos ver, as lições que ele aprendeu com esses projetos de restaurantes deram-lhe um olhar privilegiado sobre as buscas e os pontos de fratura do movimento gastronômico no Brasil e no mundo.

O advento de uma nova globalização: dualidades culinárias

Como situar a experiência pessoal de Dória no contexto mais amplo de São Paulo e do Brasil? Chamando nossa atenção para o ciclo gastronômico que antecedeu imediatamente o nosso, Dória apresenta um fato surpreendente da autocompreensão culinária de São Paulo: em 1990, o guia *Quatro Rodas* – publicação com várias indicações para viajantes rodoviários – não reconhecia uma culinária típica dessa cidade, enfatizando a culinária dos imigrantes – o que lhe dava um ar cosmopolita[19]. Também não havia muito espaço para a culinária de outras regiões brasileiras no início dos anos 2000. Nosso autor denuncia essa discriminação:

> Uma breve consulta aos guias culinários paulistanos registra não mais do que meia dúzia de restaurantes de "cozinha brasileira" – sempre ancorados na "tradição" – contra mais de vinte franceses e mais de trinta italianos, em sua

---
18. ECB, 30.
19. Cf. ECB, 30.

maioria "inovadores" (isso para ficarmos apenas nas principais categorias). Uma indigência nativa que contrasta com a propalada biodiversidade nacional. Afinal, somos ricos apenas em natureza incomível ou nos falta algum ingrediente para extrair das riquezas naturais novas possibilidades gastronômicas[20]?

Se recuarmos há algumas décadas, poderemos identificar as características específicas da culinária desenvolvida nessa cidade. Elas são muito anteriores às tendências que deram origem ao movimento gastronômico contemporâneo. Diferentemente da globalização vivida a partir do século XVI[21], no final do século XIX houve um novo ciclo de globalização culinária, devido aos intensos fluxos migratórios, à expansão da indústria e ao fenômeno do afrancesamento das cozinhas das elites mundiais. Diante disso, como São Paulo, essa futura megalópole na periferia do sistema alimentar ocidental, reagiu a essas sucessivas globalizações?

Como em qualquer cidade, a cozinha de São Paulo evoluiu por meio de uma série de encontros. A base histórica da culinária dessa região é a chamada cozinha caipira (ou caiçara, no litoral). Essa cozinha, que está associada principalmente à população rural, foi formada durante um longo processo de encontros, muitas vezes conflituosos, entre os povos indígenas – em especial, os Guaranis – e os bandeirantes, exploradores de terras que ampliaram as fronteiras da antiga colônia

---

20. ECB, 93.
21. Como vimos anteriormente, Dória identifica um primeiro tipo de globalização culinária, baseada, sobretudo, na transposição e aclimatação de ingredientes, ligada à circulação dos navegadores ibéricos nos territórios dos vários continentes.

portuguesa[22]. Mas, desde o final do século XIX, São Paulo se tornou um destino para migrantes de muitas origens, de todas as partes do país e de vários continentes do mundo. Isso obviamente teve um impacto na culinária local, que sofreu pressão de uma variedade de cozinhas regionais e étnicas (portuguesa, árabe, italiana, japonesa etc.)[23]. De acordo com Dória, "o século XX paulista é inaugurado por uma dualidade alimentar crescente, contrapondo a cultura 'caipira' à cultura dos imigrantes"[24].

Naquele momento, surgiu também uma segunda dualidade culinária, dessa vez ligada ao mundo do trabalho e à tensão entre comer "em casa" e "fora de casa". Nos estabelecimentos de alimentação pública, uma ideia curiosa estava se desenvolvendo: eles estavam oferecendo "comida caseira". Para Dória, essa ideia "é a primeira e contraditória imagem do 'comer fora' entre nós. As 'pensões' que serviam refeições foram projeções da casa sobre o espaço público"[25]. O desenvolvimento tardio dos restaurantes pode ser uma consequência dessa preferência pela casa em vez de "comer fora". Mas há também uma explicação na história brasileira: "Os preconceitos que nos afastam da celebração moderna da culinária são fruto de uma história singular. A vida cultural metropolitana é bastante restrita no Brasil"[26].

Uma terceira dualidade culinária surge com outra forma de globalização: a influência da gastronomia francesa sobre as elites mundiais. Essa foi uma influência muito importante,

---

22. Cf. DÓRIA, C. A.; BASTOS, M. C., *A culinária caipira da Paulistânia. Antigo modo de comer* – Sua história e receitas, São Paulo, Três Estrelas, 2018. Esse livro é a inspiração conceitual do restaurante-laboratório "Lobozó".
23. Cf. FCB, 106-107.
24. FCB, 164.
25. ECB, 20.
26. ECB, 20.

pois conseguiu atingir a intimidade de algumas famílias, distanciando ainda mais as elites paulistanas dos gostos locais. Segundo Dória, antes da Segunda Guerra Mundial, havia poucos registros de restaurantes franceses em São Paulo, pois "a gastronomia de feição afrancesada é praticada na época em espaços domésticos"[27]. Foi somente na segunda metade do século XX que começou a ocorrer uma mudança na sociedade paulistana, e essa influência chegou aos restaurantes:

> O francesismo secular da elite local garante aos restaurantes que lhe correspondem uma posição cômoda, como se fossem meras adaptações aos novos hábitos de comer fora de casa para quem comia assim domesticamente. São também, em termos comparativos, bastante caros – o que se tornará uma característica dessa cozinha na cidade. Mas a culinária que apresentam é, em geral, bastante clássica e decalcada na *cozinha burguesa,* muitas vezes empobrecida pela ausência de ingredientes adequados[28].

A situação atual do setor de restaurantes em São Paulo não é, obviamente, a mesma. Dória a descreve da seguinte forma: "Estamos vivendo, nos principais centros urbanos – onde é forte a pressão das culinárias do mundo todo –, uma nova fase, talvez defensiva, de celebração da culinária brasileira"[29]. No entanto, nosso autor observa que esse fenômeno curiosamente está ocorrendo em um momento no qual a culinária tipicamente nacional começa a desaparecer do ambiente doméstico. O cruzamento entre todas essas dualidades faz de

---

27. ECB, 249.
28. ECB, 250.
29. FCB, 21.

São Paulo um lugar privilegiado para a pesquisa gastronômica. Falando da megalópole, Dória ironiza:

> Somos uma cidade curiosa: copiamos modificando, mas achamos que copiamos autenticamente; comemos em países imaginários e somos pobres em variedade, visto o mundo em sua amplidão, mas achamos que, internamente, contemos o mundo. Somos os provincianos mais universalistas, ou os metropolitanos mais provincianos[30].

Ao mesmo tempo, na diversidade característica do atual movimento gastronômico em São Paulo, nosso autor vê a consequência de "um longo percurso onde algo novo se forjou sem ficar demasiado tributário de qualquer tradição"[31]. Uma vez que a capital rompeu os laços com seu passado rural, parece existir "uma culinária paulista que se dissolve na mineira e outra, metropolitana, que expressa a globalização do gosto"[32].

Como podemos imaginar, essas rupturas, influências diversas e a busca pela autenticidade criaram um cenário bastante complexo, no qual jovens *chefs* de cozinha buscam encontrar seu próprio lugar e estilo. Para Dória, é justamente essa relação singular com a tradição e a modernidade que permitirá o surgimento de uma novidade gastronômica no Brasil:

> A maneira enviesada como São Paulo sempre se relacionou com as tradições; o descolamento em relação às "raízes nacionais"; finalmente, a assimilação da revolução técnica

---

30. EBL, 55.
31. ECB, 255.
32. ECB, 255.

em culinária – são todos elementos cruciais para que algo verdadeiramente novo nasça, algum dia, sob o sol tropical[33].

Como dissemos desde o primeiro capítulo, na apreciação de Dória, essa novidade propriamente brasileira só pode surgir a partir de uma elaboração consciente e da execução eficaz de projetos culinários que sejam ao mesmo tempo enraizados e livres, por parte das cozinheiras e dos cozinheiros de nosso país. Mas ela também é fruto de uma transformação na compreensão do papel desempenhado por esses profissionais no espaço público. Que papel é esse?

A emergência de *chefs* do Brasil: entre a legibilidade e a legitimidade

O ato de cozinhar, com seus diferentes níveis de complexidade técnica, perpassa a história da humanidade. No entanto, a modernidade ocidental assistiu à emergência de um tipo singular de cozinheiro no espaço público, chamado de *chef* de cozinha. Dória procura delinear as especificidades e as ligações entre um *chef* e um simples cozinheiro:

> Um *chef* é aquele capaz de, com perícia, arrancar da natureza surpresas e mais surpresas, e com elas entreter e divertir. O caráter lúdico, mágico, é essencial no trabalho de um *chef*. A ele se contrapõe o perfil exigido para um cozinheiro: perícia técnica acima de tudo, domínio dos fenômenos físico-químicos, de modo a conduzir uma receita a um fim desejado. Dificilmente se é um *chef* sem ser um bom

---
33. ECB, 255.

cozinheiro; inversamente, ser um bom cozinheiro não garante as qualidades de *chef*[34].

O *chef* de cozinha seria, assim, um profissional que faz parte da constelação dos cozinheiros, mas com um objetivo lúdico e exploratório mais acentuado do que os outros. Como profissional, o *chef* deve dialogar constantemente com seu desejo de criar e com os gostos e as expectativas de seus clientes. Isso provoca uma tensão, porque, segundo Dória, "no geral, o cliente está disposto a defender a tradição. [...] Já os *chefs*, no processo criativo, às vezes precisam romper as fronteiras do estabelecido"[35]. No meio dessa tensão, pode surgir uma cumplicidade que dará ao *chef* a possibilidade de guiar os outros para um mundo desconhecido de sabores – ampliando a experiência de confiança que está na base de cada ato de comer. Dória acredita que "o comer exige uma mediação na qual alguém nos assegura que o desconhecido é *bom* (*menu confiance* é expressão da mais absoluta verdade, pois sem *confiança* não há gastronomia)"[36].

A fase atual do movimento gastronômico brasileiro, tanto em São Paulo como em outros locais, ilustra a busca de uma redescoberta culinária no país. Nesse processo de redescoberta, podemos identificar duas abordagens ao patrimônio culinário: uma procura a *legitimidade*, a outra honra a *legibilidade*. Dória dá exemplos que nos ajudam a compreender a especificidade destas categorias:

> Legitimidade se refere a algo singularmente brasileiro, a exemplo do tucupi, ou do pequi, mesmo para quem jamais

---

34. ECB, 237.
35. ECB, 149.
36. ECB, 83.

os tenha experimentado [...]. Legibilidade diz respeito àquilo que, nativo ou exótico aclimatado, é reconhecido claramente como brasileiro, a exemplo do arroz com feijão, que todo mundo conhece[37].

Assim, nosso autor considera que "tudo o que é brasileiro, de uma perspectiva nacionalista que toma os ingredientes como constitutivos da nação, é legítimo; tudo o que é popular, vulgar, é legível, independentemente da origem dos ingredientes"[38]. Alguns *chefs* concentram seus projetos gastronômicos na exploração de ingredientes brasileiros desconhecidos da maioria da população, enquanto outros exploram o potencial de ingredientes e produtos culinários bastante conhecidos. A partir de uma lista de 46 restaurantes de cozinha brasileira em São Paulo – compilada pelo crítico gastronômico Josimar Melo –, Dória identifica cinco estilos já amadurecidos: trata-se dos estilos *naïf*, etnográfico, alegórico, experimental e juscelinista[39].

O primeiro estilo – o *naïf* – não corre grandes riscos. Retoma alguns clássicos da culinária brasileira sem fazer grandes inovações. Os pratos do cardápio são selecionados de acordo com as preferências já estabelecidas pelo público, com inspiração principalmente na região Nordeste, em Minas Gerais e na Bahia. Esses pratos são mais comuns nos bairros populares, mas também estão se espalhando pelos bairros de classe média. Segundo Dória,

> é uma tendência que se baseia na busca de saturação dos elementos identitários de nossa culinária, submetendo o

---

37. FCB, 192.
38. FCB, 193-194.
39. Cf. FCB, 228-231.

comensal a uma carga forte de informações gustativas e visuais (*décor*), que o remetem a um mundo tradicional já praticamente inexistente[40].

O estilo etnográfico implica uma investigação mais aprofundada. Essa tendência busca conciliar uma visão erudita e tradicional da cozinha nacional. Para esses *chefs*, a modernidade é vista como destruidora das formas de comer que correspondem à identidade brasileira. Por isso, seu processo criativo deve ser baseado em pesquisas etnográficas que visam "resgatar culturalmente" receitas, ingredientes e técnicas tradicionais. No entanto, não hesitam em conciliar legibilidade e modernização, especialmente em termos de estética e de adaptação aos gostos da clientela atual. Esse estilo é bem aceito pelo público de São Paulo[41].

O estilo alegórico procura apresentar a realidade brasileira de uma forma diferente da experiência cotidiana dos consumidores. Esses *chefs* entendem sua cozinha como uma atividade figurativa e estilizada. Seus pontos de partida são, de fato, os "pratos típicos" definidos pela indústria turística, mas esses são revisitados e apresentados de uma forma diferente aos brasileiros nativos, particularmente aos da classe média. Os tipos de criação culinária são assim "calcados na cultura folclórica brasileira; esta também estilizada e reinterpretada de maneira moderna"[42].

Quanto ao estilo experimental, trata-se de uma "ruptura com os modos tradicionais de tratamento dos ingredientes brasileiros"[43]. Esses *chefs* – que dominam técnicas modernas de cozinha, adquiridas por meio de experiências internacionais –

---

40. FCB, 228-229.
41. Cf. FCB, 229.
42. FCB, 230.
43. FCB, 230.

aproveitam ao máximo os ingredientes locais, oferecendo uma combinação livre entre eles e outros produtos estrangeiros. Seu desejo é elevar a cozinha brasileira a uma categoria de universalidade: querem "mostrar que também podemos ser 'universais'"[44]. Essa tendência reúne os *chefs* mais importantes do movimento gastronômico de São Paulo.

Finalmente, o estilo "juscelinista" é uma modalidade mais recente. Esses *chefs* propõem um menu tradicional, mas não popular. Suas criações estão enraizadas nos gostos da elite nacional. Fazem referência à grande quantidade e variedade de alimentos encontrados nas cozinhas das fazendas, e à cozinha praticada nas casas burguesas, principalmente aos domingos. Essa comida, que parece distante no tempo e no espaço, é também bem aceita pelo público local de São Paulo[45].

As buscas, ambiguidades e desafios que emergiram tanto na narrativa pessoal de Dória quanto no trabalho dos novos *chefs* brasileiros estão ligados ao que designamos como uma "nova globalização culinária". Para compreender melhor o que está em jogo na situação atual do movimento gastronômico e para escolher os melhores caminhos para o futuro, convém examinar mais de perto a revolução paradigmática que inaugurou nossa era culinária.

---
44. FCB, 230.
45. Cf. FCB, 231. Evidentemente, além desses estilos ligados à busca de uma cozinha brasileira e moderna, outros movimentos culinários encontram espaço no cenário gastronômico de São Paulo e desenvolvem as próprias narrativas. Segundo Dória, certas tendências, como, por exemplo, o *slow food* e as diferentes cozinhas étnicas, "nos remetem a um universo de significações que transcende o trabalho na cozinha", ligando "aquilo que se come às suas origens reais ou imaginárias" (CM, 19).

11
A lenta gestação de um futuro: autoridades gastronômicas em transformação

As tendências e estilos gastronômicos de São Paulo são uma manifestação singular e local de um movimento global muito mais vasto. De fato, o interesse teórico e prático pela gastronomia identificado nessa cidade é o eco de um período histórico que procura conciliar a sistematização de antigas conquistas com a gestação de uma novidade culinária:

> É bom observar que o discurso em torno do prazer de comer fica bastante exacerbado em certas épocas históricas, como agora. Outros momentos foram o período napoleônico, o fim do século XIX e o fim do século XX. O que essas épocas tiveram em comum? Seguramente, houve nelas um trabalho muito intenso de sistematização da culinária, indicando rumos novos para o prazer de comer[1].

Para compreendermos melhor a cozinha desenvolvida em São Paulo, para além do exame do contexto das globalizações

---
1. CM, 235.

distintas e sucessivas e dos estilos culinários adotados pelos jovens *chefs*, temos de analisar as várias *lógicas* subjacentes a essa explosão de criatividade e de busca de autenticidade culinária no Brasil. Ainda em relação com a realidade paulistana, vamos explorar a influência de alguns "mestres da culinária" do século XX, o impacto da mudança paradigmática de uma autoridade gastronômica e a abertura crítica desencadeada por essa transformação.

Três abordagens culinárias do século XX: França, Itália e Estados Unidos

Em São Paulo, assim como em outras grandes cidades brasileiras, a atual tendência gastronômica teve início no final da década de 1990, com o surgimento de novos personagens no cenário culinário urbano: jovens *chefs* brasileiros formados em cursos de hotelaria, que haviam feito estágios em restaurantes europeus e norte-americanos[2]. Até então, as duas grandes tendências hegemônicas em São Paulo, desde os anos 1980, eram ditadas pelo grupo italiano Fasano e pela chegada de novos *chefs* franceses. De forma mais ampla, Dória acredita que a especificidade gastronômica de São Paulo está ligada à sua relação com os modelos culinários dessas duas nações, porque a cidade "soube deglutir de um modo particular e concentrado as vertentes italiana e francesa"[3]. Quais foram, então, os princípios dessas cozinhas que São Paulo conseguiu "deglutir"?

---

2. Cf. ECB, 254.
3. ECB, 246.

A gastronomia, tal como a entendemos atualmente, é uma invenção francesa, nascida em um momento de dissolução de uma relação rígida com a tradição, associada à busca de novos tipos de sabor e prazer:

> A gastronomia sempre nos remete ao *outro* como propiciador de um prazer enunciado. Tomada como *arte*, como criação portadora de um *pathos*, de uma aura, ela aparece no Ocidente apenas no período moderno, quando da dissolução das cozinhas consensuais, apoiadas na tradição. Nessa "virada", inicia-se a aventura dos sabores inusitados[4].

Como vimos no capítulo 8, podemos identificar três fases principais no desenvolvimento dessa nova relação com a comida, lideradas respectivamente por Marie-Antoine (Antonin) Carême (1783-1833), Georges Auguste Escoffier (1846-1935) e Paul Bocuse (1926-2018). Logo mais, concentraremos nossa atenção na terceira fase – a da *nouvelle cuisine* ("cozinha nova") –, porque ela representa um ponto de viragem decisivo para a atual etapa da investigação gastronômica. A fase que a precedeu começou na viragem dos séculos XIX e XX, seguindo as pegadas de Escoffier. Em resposta ao número crescente de hotéis profissionais e às exigências dos empresários que começavam a viajar pelo mundo, essa cozinha desenvolveu uma nova racionalidade:

> Ao se submeter à "vontade formal dos convivas, dos anfitriões e dos clientes", o essencial era tomar as receitas clássicas e "contribuir para acelerar o serviço sem diminuir o

---
4. ECB, 83.

valor dos alimentos", simplificando os métodos de trabalho e reservando as preparações mais complexas para ocasiões especiais[5].

A sistematização e a simplificação dos métodos não apagaram, no entanto, a busca que tinha guiado a fase gastronômica anterior. Personificada por Antonin Carême, essa fase revela o espírito da época: "A refeição – esse objeto múltiplo, capaz de mobilizar a visão, o paladar, o olfato e o tato – torna-se a força centrípeta de uma grande diretriz do século XVIII: a busca do prazer"[6]. Esse primeiro momento explicitamente gastronômico teve origem na cozinha burguesa, mas eliminou o excesso de gordura, organizou os molhos e as sopas e privilegiou, na composição dos pratos, uma estética advinda da arquitetura. Foi esse o modelo que viria a ter grande influência, sobretudo no âmbito doméstico, nas elites de um Brasil recém-independente.

Por outro lado, a influência italiana não é o resultado de um efeito de sedução exercido por um modelo de cozinha requintado, mas sim de um fenômeno de migração popular em massa:

> A origem italiana do proletariado paulistano colocou a cidade de uma maneira muito particular diante da tradição culinária italiana. Em primeiro lugar porque esse proletariado teve origem muito diversa – calabresa, napolitana,

---

5. CM, 163. Aqui aparece uma abordagem mais matemática da cozinha: "A ideia de fórmula de Escoffier é coerente com o modo de produção culinária seriada, que dava sustentação à grande hotelaria nascente" (CM, 162).
6. ECB, 85.

toscana, siciliana – e a importação de tradições foi, ela mesma, múltipla. Todos sabemos que a unificação da Itália foi bastante tardia na história dos modernos estados europeus, o que impediu a hegemonia de uma determinada "cozinha burguesa" sobre todo o território nacional, como ocorreu na França[7].

Ao chegarem a São Paulo, essas tradições culinárias se uniram em um espaço limitado, com uma consequência gastronômica significativa: "Uma convivência forçada e uma forte tendência à homogeneização, que se expressou nas primeiras instituições genuinamente paulistanas de restauração: as 'cantinas'"[8]. Enquanto a influência francesa estava confinada às casas da elite paulistana, a cantina tornou-se um espaço público de grande influência, já ligado "ao hábito de comer fora de casa, que só surge com a metropolização da cidade"[9]. O cardápio das cantinas era obviamente de inspiração italiana, mas já mostrava "criatividade e adaptação bastante grande"[10]. Surgirão, em seguida, outros restaurantes e pizzarias[11].

Outra influência culinária externa começou a se impor, sobretudo na segunda metade do século XX, a partir de um modelo norte-americano. Esse modelo ganhou terreno nos lares e nos estabelecimentos de alimentação. Fora do âmbito doméstico, sua influência foi visível na proliferação das redes

---

7. ECB, 246-247.
8. ECB, 247.
9. ECB, 247.
10. ECB, 247. Dória cita, por exemplo, a sardela, "uma pasta concentrada de sardinha com tomate e pimentão [que] não existe sob essa forma em qualquer lugar da Itália" (ECB, 247).
11. Cf. ECB, 248.

de restaurantes de *fast-food*[12]. Em casa, as famílias foram gradualmente sujeitas aos produtos da indústria alimentar, também ela globalizada, que surgiu como mais uma mediação – distinta e moderna – entre a natureza e a cultura. Dória explica essa novidade e sua consequência imediata:

> Ora, se a moderna racionalidade capitalista sequestrou as receitas do domínio doméstico, arrastando-as para a indústria alimentar, que as reduziu a processos físico-químicos eficazes, isso tem como consequência inevitável a destituição da cozinha doméstica ou de restaurantes artesanais da condição de elos indispensáveis entre a natureza e a cultura no seu sentido amplo[13].

Dessa forma, percorremos as três principais abordagens culinárias que atingiram uma parte significativa da população paulistana[14]. No entanto, na sequência desses três fenômenos culinários homogeneizadores – a cozinha afrancesada, o surgimento das cantinas e a expansão da indústria alimentar e do *fast-food* –, chegou a São Paulo uma nova concepção culinária, profundamente vinculada às características específicas dos produtos locais: a *nouvelle cuisine*. Quais seriam as consequências dessa reviravolta gastronômica?

---

12. Cf. FCB, 107.
13. CM, 170.
14. As cozinhas de origem árabe (sírio-libanesa) e japonesa também conquistaram progressivamente o espaço público, aumentando a complexidade do cenário gastronômico atual de São Paulo.

O amadurecimento de uma autoridade: da *nouvelle cuisine* às cozinhas de *terroir*

Para caracterizar o movimento gastronômico contemporâneo, Dória faz referência a um paradigma culinário específico: "Trata-se da gastronomia praticada por uma nova geração de *chefs* e de amadores que vem se afirmando no mundo todo, depois da onda da *nouvelle cuisine*"[15]. Na mesma época do surgimento das redes de *fast-food*, a partir dos anos 1970, nasce um movimento que, segundo Dória, marcaria o fim do francocentrismo culinário. A tensão entre esses dois paradigmas globalizados gera uma contradição: por um lado, vemos "*chefs* franceses que valorizam comidas e ingredientes locais" e, por outro, "redes de alimentação globalizadas, sem personalidade nacional"[16]. Se a fase atual do movimento gastronômico é fruto da globalização da *nouvelle cuisine*, é imperativo perguntar: em que consiste sua novidade?

A *nouvelle cuisine* francesa se constituiu em uma relação de continuidade e ruptura com a cozinha da grande hotelaria, dita "internacional", sistematizada por Escoffier. Segundo Dória, o princípio orientador da cozinha internacional era assegurar "ao mundo aristocrático e das altas finanças um mesmo padrão de excelência culinária (cozinha francesa) em qualquer parte do mundo"[17]. Assim, o projeto da cozinha internacional "é garantir que não se saia do lugar, mesmo quando se viaja", enquanto a concepção atual defende que "é possível 'viajar' através da gastronomia sem sair do lugar"[18]. Esse modelo teve

---

15. UDC, 14.
16. FCB, 106-107.
17. ECB, 101.
18. ECB, 101.

sucesso em grandes hotéis de todo o mundo, mas revela receios implícitos, bem como certa concepção higienista: "Executivos do mundo todo sentem grande segurança ao abrigo dessa cozinha, colocando-se a salvo dos apelos gastronômicos locais"[19].

A primeira grande diferença entre o projeto da *nouvelle cuisine* e a cozinha internacional encontra-se em seu público-alvo: um de seus idealizadores, o *chef* Paul Bocuse, dirige seu discurso a um público doméstico, sem necessidade de formação técnica prévia. Isso leva a uma segunda diferença fundamental: a *nouvelle cuisine* não se concentra em produtos raros (ao alcance de uma minoria), mas na qualidade dos ingredientes encontrados em um mercado público[20]. É por isso que Bocuse identifica sua cozinha "com a qualidade dos produtos – o que ele opõe à antiga cozinha, baseada em razões que eram 'mais ilusórias do que culinárias'"[21].

Além do interesse de Bocuse pelas cozinheiras e pelos cozinheiros amadores e pelos mercados locais, havia outra característica, uma verdadeira inovação em relação aos modelos anteriores: "A abertura para o mundo e a 'desterritorialização' da cozinha francesa"[22]. Sobre esse assunto, deixamos a palavra ao próprio Bocuse:

> Creio que é essencial sair ao estrangeiro, para ver o que anda mal dentro de casa. Quanto mais se viaja, mais se vê

---

19. ECB, 101.
20. ECB, 89.
21. CM, 142. Diante dessa realidade, vemos surgir uma nova cumplicidade e confiança: "A cozinha de Bocuse se fundamenta na *confiança no feirante*" (CM, 143).
22. ECB, 89.

como os outros não estão inativos e como progridem [...]. Por isso é necessário ir vê-los. Afinal de contas o ofício de cozinheiro é um ofício de companheiros. É necessário haver dado uma volta pela França, ou quiçá várias, mas hoje quem queira progredir precisa dar a volta ao mundo. Cada vez que viajo a outros países volto com ideias novas. [...] Se a nova cozinha francesa reflete a necessidade de meus compatriotas de voltar às fontes da nossa tradição culinária, abre também a perspectiva do que se pode fazer observando os nossos vizinhos[23].

Nesse novo movimento gastronômico francês, o retorno às origens e a abertura aos "vizinhos" devem andar de mãos dadas. Uma última novidade diz respeito ao tipo de relação estabelecida entre o cozinheiro e os clientes de um restaurante: o *chef* deve conquistar a sala de jantar. O *chef* Santi Santamaria vê em Bocuse um símbolo dessa mudança: "Antigamente o cozinheiro não frequentava o salão. A partir da geração de Bocuse, considera-se o cozinheiro como o autor"[24]. O surgimento do cozinheiro-autor é, de fato, o "evento" que está no coração da revolução gastronômica contemporânea.

O que acontece quando esse novo paradigma chega a um país como o Brasil? Para Dória, trata-se de um movimento semelhante ao vivido na ocasião da fundação da Universidade de São Paulo, com a ajuda de uma "missão civilizadora francesa". Os anos 1980 marcaram a entrada do Brasil no mundo moderno da gastronomia, "através da valorização do trabalho de alguns *chefs* francofônicos que, entre nós, começaram a

---
23. ECB, 89-90.
24. ECB, 191.

praticar uma culinária com fortes traços de *nouvelle cuisine*"[25]. Dois jovens *chefs* tiveram um papel de protagonistas: Laurent Suaudeau – enviado por Paul Bocuse – e Claude Troisgros – membro de uma longa linhagem de cozinheiros franceses. Dória enumera seus principais contributos:

> Esses dois *chefs* trouxeram uma nova filosofia que iria renovar a cozinha brasileira. Aliando a perícia técnica da centenária culinária francesa ao arejamento que a *nouvelle cuisine* buscava, eles se debruçaram sobre os "produtos da terra" para extrair deles o prazer gastronômico que uma cultura colonizada não conseguia desvendar[26].

Aqui se constata um fato cultural importante: mais de um século e meio após a independência política, a cultura culinária das elites brasileiras continua colonizada. Suaudeau e Troisgros, ao analisarem os ingredientes e as receitas brasileiras, conferiram "dignidade gastronômica a frutas como o cupuaçu, a manga, o maracujá, e tubérculos como a mandioquinha e a mandioca (tapioca)"[27]. Mas essa "dignificação" é parte de um processo. O próprio nome do novo movimento foi ligeiramente alterado em São Paulo. Dória chama a atenção para uma característica das elites locais, quando fala de Claude e da "dinastia" dos Troisgros:

> É uma linha essencialmente de inovação. Apesar disso, quando [Claude] veio para o [restaurante] Rouanne, em São Paulo,

---

25. ECB, 97.
26. ECB, 252. Dória também faz referência a um *chef* belga, Quentin Geenen de Saint Maur, que concedeu aos ingredientes brasileiros uma dignidade gastronômica (cf. ECB, 97).
27. ECB, 252.

usava com moderação a expressão *nouvelle cuisine*, preferindo *cuisine du marché*, pois chegara à conclusão "de que a freguesia paulista é mais conservadora"[28].

Esse retorno ao espaço doméstico e aos mercados públicos conduziu a um mergulho nas raízes e nos recursos locais, tanto na França como em outros países. Isso terá consequências profundas e imprevistas para o movimento gastronômico mundial. A cozinha francesa contemporânea, por exemplo, "apresenta hoje grande complexidade e diversidade, pois se apoia em conhecimentos que revalorizaram as culinárias regionais, que haviam sido praticamente suprimidas"[29]. A *nouvelle cuisine* abre, assim, caminho à "cozinha de *terroir*", que, aliada a uma revolução técnica e científica no jeito de cozinhar, dá o mote para as buscas gastronômicas no mundo contemporâneo. O que essa aliança tem de especial? Dória apresenta sua análise:

> A cozinha do *terroir*, quase idílica, surgiu na França em reação ao esgotamento da *nouvelle cuisine*. Em certo sentido, ela dessacralizou o "Sistema" ao mostrar uma diversidade rica que estava à sua margem, embora ao alcance da mão. A revolução técnica, ao contrário, se agarra às entranhas do "Sistema" e o sacode. Representa a sua chance de renascimento, pois abre novos horizontes de deglutição da

---

28. ECB, 253. Hoje, esses dois *chefs* continuam, cada um do seu modo, um caminho de formação de jovens cozinheiros e cozinheiras: Troisgros o faz a partir de programas de televisão, e Suaudeau, a partir de uma escola de cozinha.
29. FCB, 144.

diversidade que a globalização naturalmente disponibiliza em escala nunca antes experimentada[30].

Estamos, aqui, no centro de uma revolução que abalou as bases do sistema gastronômico, organizado desde o século XIX. Como vimos, uma mudança fundamental é a forma como os próprios *chefs* de cozinha, que estão no coração do sistema, entendem sua arte. Mas que tipo de "autores" são eles? Dória indica o ponto de inflexão relativo a seu talento:

> O *chef* não é mais aquele indivíduo portador de uma ideia que, obstinadamente, busca realizar da melhor maneira possível, procurando trabalhar com os ingredientes únicos e insubstituíveis; ele é, agora, alguém que aceita os desafios colocados cotidianamente pelo mercado e pelas estações que definem a oferta de produtos frescos e de qualidade. A rigor, sua maestria está à prova a cada momento e sua cultura deve, necessariamente, incluir um grande repertório de ideias[31].

Uma segunda mudança decisiva diz respeito ao lugar da França no cenário gastronômico internacional. Em um momento em que uma nova geração de *chefs* franceses – como Guépard, Chapel, Troisgros e Bocuse – proclamou uma identidade entre o território e a alta cozinha – provocando, assim,

---

30. ECB, 117. Dória cita o exemplo do *chef* Georges Blanc: "O seu mergulho pessoal em direção à simplicidade da vida camponesa, a uma idealizada cozinha de sua avó, é a resposta que encontrou a uma necessidade que entendia como geral. O despojamento para reencontrar a natureza, sem as mediações da grande indústria de alimentos, recuperou a dimensão artesanal da atividade" (ECB, 90).
31. ECB, 89.

uma ruptura com o império do luxo –, outros protagonistas puderam surgir em todo o mundo. O exemplo mais importante é o lugar que o País Basco ocupa no movimento gastronômico mundial, graças à renovação de sua cozinha tradicional:

> Essa ideia [de identidade entre território e alta cozinha] correu o mundo e, no País Basco, calou fundo no espírito de novos cozinheiros que passaram a adotar novos critérios, reinterpretaram receitas e buscaram definições pessoais que geraram tratamentos completamente novos do bacalhau[32].

Foi assim que a ideia de um patrimônio alimentar descentralizado começou a ganhar força, competindo não só com a "cozinha internacional", mas também com o antigo conceito de "cozinha nacional". A nova organização do sistema gastronômico vê o fator nacional como uma mediação entre os recursos e tradições culinárias locais e sua relação com o mundo. Dessa forma, a cozinha nacional é estabelecida "em novas bases, dependente de uma reidentificação de seus componentes e de um novo arranjo do todo"[33].

Isso nos leva, curiosamente, ao outro modelo que se tornou autoridade em São Paulo: o modelo italiano. Como vimos, naquele país "é fraca a identidade de uma cozinha nacional e são fortes as cozinhas regionais que não se unificaram, permanecendo como dialetos do comer"[34]. Segundo Dória, esse modelo à italiana "passa a ser perseguido em toda parte"[35]. A aliança entre as raízes locais e as técnicas modernas tornou-se,

---

32. ECB, 145.
33. CM, 91.
34. CM, 91.
35. CM, 91.

assim, a base do renascimento culinário procurado na viragem do século XX para o século XXI.

Um futuro aberto: propostas para quem deseja ser *chef* no Brasil

Após esta breve análise, agora podemos destacar a relação de São Paulo com o movimento gastronômico global. Como vimos ao longo desta última parte de nosso itinerário, essa cidade "sintetiza, em uma dinâmica acelerada de transformação, muitos dos problemas que se podem observar aqui e ali"[36]. Um fenômeno muito revelador pode ser observado em São Paulo e em muitas outras megalópoles ao redor do mundo:

> Quando um paulistano olha para trás, para a cozinha das avós, ele vê a tradição japonesa, italiana, árabe, espanhola e assim por diante. Por isso, essas cozinhas ganharam a esfera pública, e come-se à italiana, à francesa, à maneira japonesa, chinesa etc.[37]

Então, quais foram os desafios enfrentados pela gastronomia brasileira em São Paulo, desde o final do século passado? Dória enxerga quatro: (1) uma cozinha nacional confrontada com as cozinhas étnicas de outros países; (2) uma cozinha doméstica que ganha o espaço público a partir dos restaurantes que vendem por quilo; (3) a obsolescência do modelo francês; (4) o desafio tecnológico (especialmente à luz da revolução

---

36. FCB, 226.
37. FCB, 226.

culinária na Espanha)[38]. Além disso, ao buscar um equilíbrio entre tradição e inovação, os *chefs* também tiveram de levar em conta a crescente diversidade do público, a fim de desenvolver propostas que atendam às variadas expectativas dele[39].

Assim, podemos identificar na atualidade dois importantes fenômenos culinários. Por um lado, da parte da população em geral, seja na cozinha doméstica seja no consumo no espaço público, há um novo interesse culinário, que conjuga uma aprimoração dos gostos e pratos já conhecidos e uma abertura à descoberta progressiva dos gostos e pratos desconhecidos. Por outro lado, da parte dos cozinheiros e das cozinheiras no espaço público, há a emergência da "estilização" na prática dos novos profissionais – *chefs* de cozinha, com um projeto *autoral* –, que buscam encontrar seu caminho singular e pessoal, em meio à variedade de tradições presentes no local, das experiências compartilhadas e das demandas dos clientes.

Mas a própria formação dos jovens *chefs* também é um desafio. Segundo Dória, os aspirantes a *chef* estudam hoje técnicas clássicas de cozinha, cardápios de cozinhas ditas "exóticas" (indiana, chinesa, mexicana, francesa etc.) e cardápios regionais da cozinha brasileira. Esse quadro de formação coloca os jovens *chefs* perante uma grande tentação: "Inovar por meio do expediente *fusion*, isto é, a tentativa de emprestar novo significado aos ingredientes, deslocando-os dos seus sistemas culinários originais"[40]. Segundo nosso autor, "muito dificilmente, os resultados [são] dignos de louvor"[41].

---

38. Cf. FCB, 108.
39. Cf. FCB, 225.
40. CM, 255.
41. CM, 255.

O melhor caminho para a gastronomia mundial é embarcar em "experiências de transição entre tradição e modernidade"[42]. Dória chama a atenção dos *chefs* brasileiros para as tarefas que eles têm pela frente. Há ainda um trabalho fundamental a ser feito no Brasil: "Realizar o levantamento etnográfico da biodiversidade comestível, seus usos tradicionais e os possíveis usos modernos"[43]. A articulação entre essas três dimensões é a tarefa mais difícil, pois conciliar "legitimidade (enraizamento territorial) e legibilidade (enraizamento histórico no sistema culinário do qual usufruímos) [...] exige balancear o exótico que nos é próprio com a banalidade de nós mesmos"[44].

As experiências gastronômicas de vanguarda em São Paulo revelam tanto a busca desses novos *chefs* como os limites que eles têm de superar. Segundo Dória, uma de suas estratégias é o desejo de se comunicar "com a alimentação popular, reinscrevendo-a no cardápio das elites"[45]. No entanto, sua tendência para fundir tradições leva a "deslocamentos e [a misturar] produtos de ecossistemas diversos, com perda de legibilidade do conjunto"[46]. Dória também vê o risco de "exotismo interno", que decorre do desconhecimento da diversidade de recursos e tradições do país. Por fim, nosso autor identifica mais uma tendência que reproduz os problemas históricos de um país voltado para a aprovação estrangeira. Aqui ele se refere aos *chefs* brasileiros que apresentam "a *chefs* europeus a excelência do nosso cupuaçu e do nosso bacuri", sem questionar o

---

42. FCB, 225.
43. CM, 256.
44. FCB, 197.
45. FCB, 196.
46. FCB, 196.

fato de que, "no mercado interno, [esses frutos] ainda estão longe de ser encontrados com a mesma facilidade de uma simples laranja ou maçã"[47].

Para quem as cozinheiras e os cozinheiros cozinham? Por quem procuram ser reconhecidos? Essas são questões fundamentais. Nosso autor considera que, no âmbito interno, as pessoas preferem uma gastronomia nacional baseada na legibilidade, enquanto o mercado externo está mais interessado na legitimidade[48]. Dória aposta na importância de pratos legíveis, encorajando os *chefs* a enfrentar o desafio de "encontrar e manter a legibilidade dos inúmeros territórios brasileiros", sem a rigidez que divide "o país em seus regionalismos fechados sobre si mesmos"[49]. Ele também convida os *chefs* a não esquecerem uma das dimensões necessárias para a renovação da cozinha brasileira: "Encontrar o caminho para o reencantamento do mundo"[50]. Assim, ao construir seus projetos pessoais, os *chefs* precisam dar "às formas históricas um conceito, elaborado segundo um novo entendimento da cozinha brasileira, renovada e passível de encantar os comensais"[51].

Dória chama de "estilização" essa forma pessoal de receber e reelaborar uma tradição (material e cultural), com o objetivo de apresentá-la a um público mais vasto. Essa estilização na cozinha implica um "tipo de tratamento intencional que parte da tradição, transforma-a em alguma direção e propõe uma nova maneira de considerar alguns produtos"[52]. Inspirado nas

---

47. CM, 102.
48. Cf. CM, 194.
49. FCB, 197.
50. FCB, 227.
51. FCB, 227.
52. FCB, 227.

propostas do escritor italiano Ítalo Calvino para a literatura do novo milênio, nosso gastrônomo apresenta seis ideias para ajudar os *chefs* a encontrarem seu próprio estilo, para que o futuro da cozinha brasileira seja renovado e "capaz de reencantar o mundo":

1. Renunciar aos ditames da tradição, que impregnou a comida popular de valores político-culturais ligados ao nacionalismo e ao regionalismo, detendo-se apenas sobre o conjunto de pratos como um conjunto de desafios estritamente culinários. [...]
2. Transformar o cozinheiro em um personagem culto da cena urbana, especialmente no que tange ao conhecimento da cultura culinária. [...]
3. Trabalhar sobre o inventário de ingredientes da cozinha brasileira e dedicar-se ao tratamento laboratorial destes. [...]
4. Entender que a culinária, ainda que centrada na cozinha, é uma experiência abrangente, que se reflete na comensalidade e na hospitalidade. [...]
5. Ter presente no espírito que o comensal precisa encontrar, acima de tudo, legibilidade nos pratos que lhe são oferecidos, de modo a poder apreciá-los conscientemente. [...]
6. Não depender de aspectos extraculinários para a excelência da cozinha, como o exercício da cidadania ou da consciência ética do cozinheiro. [...][53]

Segundo o autor, essa concentração em desafios estritamente culinários permitiria superar um dos efeitos negativos da atual situação gastronômica: "Uma notável dispersão

---

53. FCB, 232-240.

de energia de uma juventude inquieta, que está à procura de expressão por meio da culinária"[54]. Essa busca de expressão é positiva, e a construção de uma nova gastronomia no Brasil "está nas mãos dessa juventude". Para isso, os novos *chefs* precisam também estar atentos aos caminhos vitais que a cozinha brasileira tem percorrido, para além das modas do movimento gastronômico mundial. Prestar atenção a quem é "vizinho" e está "próximo" sempre ajuda a ampliar e reconfigurar o olhar.

---

54. FCB, 240.

12
À escuta de outras entranhas: humanidades gastronômicas

Em uma busca de *enraizamento* local e de *abertura* à modernidade global, cada *chef* deve seguir seu próprio caminho criativo; é isso que fará a cozinha brasileira ser sempre nova. Como gastrônomo, Dória tenta acompanhar alguns deles, colocando sua capacidade de pensamento crítico e seu conhecimento acadêmico a serviço do projeto de cada um. Acima de tudo, ele procura lhes quebrar preconceitos e ampliar o conhecimento que têm sobre a realidade em que cada projeto está enraizado, para dar mais liberdade e solidez ao processo criativo de cada um. O *chef* Alex Atala dá um testemunho sobre isso, no prefácio de um dos livros de Dória:

> Meu propósito é desenvolver uma gastronomia que se apoie em ingredientes brasileiros, e o Carlos Alberto Dória tem refletido sobre o significado dessa via de desenvolvimento da gastronomia, considerando-a, como eu, à luz do movimento mundial de inovação que enlaça *chefs* do mundo todo em um só esforço[1].

---
1. ECB, 9.

Nesse sentido, nosso autor tenta estabelecer, em um nível mais literário e científico, sua concepção de crítica gastronômica. Para ele, um bom crítico gastronômico não é alguém que diz aos clientes o que ele próprio gosta ou não gosta, mas sim alguém capaz de explicitar os critérios envolvidos em uma determinada cozinha e avaliá-los[2]. A inovação gastronômica precisa de críticos cultos que sejam "cúmplices de um projeto – não de *chefs*"[3]. Dessa forma, os críticos gastronômicos desempenham o papel de parteiros, ajudando a criar um novo cenário gastronômico. Esse é o significado das provocações analíticas de Dória, que convida os *chefs* a permanecerem na posição de aprendizes. Ao colocar continuamente em crise um discurso reducionista sobre a "cozinha brasileira", essas provocações demonstram que nossa cozinha é mais rica e diversificada do que se pensa.

De fato, quando a alta gastronomia abandona certa visão excessivamente aristocrática e se dirige a um público doméstico mais amplo, é possível reconhecer os valores de outros atores do jogo culinário. Para ajudar a formar o senso crítico dos novos cozinheiros e cozinheiras, as reflexões de Dória, além de explicitar as *autoridades* culinárias, também levam em conta três *alteridades* presentes em São Paulo – e em todo o território nacional –, até então insuficientemente consideradas no movimento gastronômico brasileiro: o estilo feminino de cozinhar, a rotina do mundo do trabalho e a solução popular na busca do prazer culinário.

---

2. Cf. EBL, 35.
3. EBL, 27.

O paradigma "casa" e a cozinha do jeito feminino

Desde os inícios da reflexão gastronômica, houve uma curiosa associação entre a comida e o sexo. Brillat-Savarin, o "príncipe dos gastrônomos", falava de um "sentido genésico", responsável pelo desenvolvimento da espécie (por meio do sexo) e do indivíduo (por meio da comida). Para ele, o sentido genésico "corresponde à busca do que é agradável através do tato, do olhar e do paladar, responsável tanto pela gastronomia quanto pelo coqueterismo"[4]. Esse "sentido" possui uma particularidade:

> O singular dele é que cada sexo tem tudo para experimentar a sensação, mas é necessário que os dois sexos se encontrem para atingir o objetivo a que a natureza se propôs: a conservação da espécie. Do mesmo modo, precisamos nos encontrar com o alimento para nos reproduzirmos como indivíduos [...][5].

Dória vê outra coisa em comum entre o sexo e a gastronomia: uma oferta e uma promessa de prazer "que resultam na *aquiescência do outro*"[6]. Essas duas experiências humanas são, portanto, o exercício de uma dádiva consensual. Se isso for verdade, surge um problema na gastronomia moderna: "É fácil entender essa *entrega consentida* no plano doméstico, e mais difícil compreendê-la em um restaurante, por exemplo"[7].

---

4. FCB, 207.
5. EBL, 58.
6. EBL, 59.
7. EBL, 59.

Outro problema pode ser identificado nessa cozinha que se afasta da esfera doméstica:

> O discurso sobre a excelência, sobre o estilo culinário, sobre a criatividade, está centrado atualmente na figura do *chef* que é, invariavelmente, masculino, e esconde os múltiplos caminhos que historicamente se trilhou para se chegar a um resultado[8].

De fato, Dória acredita que "de Antonin Carême (1784-1833) a Ferran Adrià (1962), estamos diante de uma longa dinastia do trabalho masculino"[9]. A diferença entre a cozinha dos grandes restaurantes e a da casa, conhecida como cozinha feminina, é muito significativa. O distanciamento entre esses dois estilos era tão marcante que o *chef* Santi Santamaria achava que o futuro da gastronomia estava na "ressurreição" das mulheres: "Vejo o futuro nas mães e nas avós. É preciso ressuscitá-las. Urgentemente. É preciso que se dê um grito do tipo 'Lázaro! Levanta-te e anda!' (risos)"[10].

Dória procura "detectar onde passa a residir o 'feminino' quando o cozinhar se 'desfeminiliza', isto é, quando ela se projeta na sociedade como um domínio masculino"[11]. Para ele, essa procura pode ser inspirada em outras áreas da cultura, como a literatura, que conseguiu identificar um eu narrativo feminino; por isso, é natural "nos dedicarmos a vislumbrar seu destino na culinária, através do conhecimento das nuances de gênero no fazer culinário moderno"[12]. Nosso autor desenvolve

---

8. Dória, Flexionando o gênero, 266.
9. FCB, 205.
10. ECB, 197.
11. FCB, 203.
12. Dória, Flexionando o gênero, 255.

uma hipótese provocadora: "A cozinha, por ser historicamente tão feminina, absorveu tanto os homens que são eles que não conseguem ter um estilo 'masculino', após terem usurpado para si um 'feminino absoluto'"[13].

Embora reconheça que a dinastia gastronômica moderna é patrilinear, nosso autor considera que "é possível especular sobre a linha divisória capaz de expressar diferenças entre gestos masculinos e femininos nos frutos do trabalho culinário"[14]. Para compreender a situação atual, Dória recua ao momento da história da evolução humana em que podemos identificar uma "divisão sexual do trabalho":

> Um momento crucial na história da humanidade foi aquele no qual se estabeleceu uma divisão sexual do trabalho, desenvolvendo-se um novo instinto social marcado pelo altruísmo e a solidariedade (fazer algo para o outro, e não para si). De um lado, a caça e a coleta, de outro, a cozinha, e, no centro, os cuidados com a cria que, por vários anos, é incapaz de prover a própria existência[15].

Segundo Dória, essa associação da cozinha com o feminino é particularmente evidente em sociedades cujas representações simbólicas estão centradas em livros religiosos (como os judeus, os cristãos e os muçulmanos)[16]. Mas, em quase toda parte, as mulheres têm desempenhado um papel unificador

---

13. FCB, 215.
14. FCB, 215.
15. FCB, 204.
16. Nosso autor afirma que, especialmente nessas sociedades, "o ato de comer aparece ligado ao amor materno, e recusar a comida é o mesmo que recusar essa modalidade fundante de afeto, um ato que exprime grande emoção" (FCB, 204).

na cozinha, entendida como um lugar de "passagem" fundamental para a humanidade. Sobre esse assunto, nosso autor cita o etnólogo francês Georges Balandier:

> A cozinha pode ser vista como um desses "lugares" associados à mulher em que "se marcam as diferenças e as descontinuidades, e onde ela [a mulher] propicia as ligações [...] e é requerida lá onde estão as fronteiras e se dão as passagens: da natureza à cultura, da reprodução à produção, da sociedade ao que lhe é exterior, da igualdade à desigualdade, das coisas aos signos e símbolos"[17].

Nos tempos modernos, o lugar das mulheres na cozinha – e, por extensão, no lar – continuou seguro. A diferença está na distinção entre o espaço público, ocupado pelo estilo masculino, e o espaço doméstico, dominado pelo estilo feminino. Podemos pensar, por exemplo, nos livros de receitas das avós, que testemunham uma verdade antiga: "Os saberes culinários evoluíram como uma herança que se transmite matrilinearmente"[18]. Uma conclusão é clara: "Mais do que o simples cozinhar, que é um ofício doméstico, é a alta cozinha que se masculiniza na história da gastronomia"[19].

De acordo com a análise de Dória, podemos identificar o momento em que a cozinha ocidental assumiu uma orientação ideológica masculina: "Quando se recrutam cozinheiros para as cortes ou quando começam a se propagar os restaurantes nas grandes cidades"[20]. As publicações culinárias também

---

17. FCB, 205.
18. FCB, 206.
19. FCB, 210.
20. Dória, Flexionando o gênero, 259.

eram escritas por homens, levando a uma inversão do controle sobre a sedução: "Da sedução doméstica do 'manter', parte-se claramente para aquela do 'conquistar', que se exerce na esfera pública"[21]. Foi essa literatura masculina que tirou alguns cozinheiros do anonimato, apresentando a culinária como um verdadeiro sistema. Com a primeira grande sistematização da moderna cozinha francesa e sua disseminação ligada à diplomacia de Napoleão, surgiu outra distinção entre a alta gastronomia e a cozinha doméstica:

> Fica claro que a chamada "Alta Cozinha" francesa é um saber que pode viajar e se disseminar como signo de refinamento para as aristocracias europeias e aquelas que as imitam, enquanto a cozinha burguesa, doméstica, controlada pelas mulheres, enraizada na vida cotidiana, não viaja[22].

Essa "inversão de gênero" na alta gastronomia se acentua com Escoffier. De acordo com nosso autor, esse grande *chef* "marcou a mudança do estilo do cozinhar do 'feminino' para o 'masculino'"[23]. Escoffier também via a cozinha como um centro de poder, onde acontece um conflito de gênero[24]. A esse respeito, um discurso feito por Escoffier nos Estados Unidos, no final do século XIX, mais tarde publicado na Inglaterra com o título *Why men make the best cooks* ["Por que os homens fazem a melhor culinária"], é muito sugestivo. Eis alguns trechos:

---

21. Ibid., 259.
22. Ibid., 259-260.
23. Ibid., 258.
24. Cf. FCB, 209.

Cozinhar é, indubitavelmente, uma arte superior, e um *chef* competente é tão artista em seu ramo de trabalho quanto um pintor ou escultor. [...] Nas tarefas domésticas é muito difícil encontrarmos um homem se igualando ou excedendo uma mulher, mas cozinhar transcende um mero afazer doméstico; trata-se, como eu disse antes, de uma arte superior. A razão pela qual na culinária os louros são "apenas masculinos" não é difícil de encontrar. Não é porque o homem seja mais epicurista do que a mulher. [...] O que acontece é que o homem é mais rigoroso no seu trabalho, e o rigor está na raiz de tudo o que é bom, como em tudo mais. Um homem é mais atento sobre os vários detalhes que são necessários para produzir um prato verdadeiramente perfeito [...]. Para ele, nenhum detalhe é mais importante do que outro. Uma mulher, por outro lado, irá trabalhar com o que tem à mão. Isso é muito agradável e generoso de sua parte, sem dúvida, mas eventualmente estraga a sua comida, e o prato não será um sucesso. Uma das principais faltas de uma mulher é sua ausência de atenção aos menores detalhes – a quantidade exata de especiarias, o condimento mais adequado a cada prato; e essa é uma das principais razões pelas quais seus pratos parecem pálidos diante daqueles dos homens, que fazem os pratos mais adequados a cada ocasião[25].

Dória chama a atenção para o tom machista da argumentação de Escoffier, que atribui à mulher "um 'estilo culinário' de sentido prático, oposto ao que considera 'artístico'"[26].

---

25. FCB, 211-212.
26. FCB, 213.

Referindo-se à autobiografia do *chef* francês, nosso autor considera que "sua 'arte culinária' visa seduzir as mulheres"[27]. Mas, para mantê-las afastadas dessa nova arte, o próprio trabalho das mulheres foi sistematizado em um conhecimento ordenado. Para ter acesso a ele, é necessária uma iniciação particular: "No 'sistema' de Escoffier, uma série de verbos e ordens imperativas fundamentam o novo saber culinário: *barder, blanchir, chemiser, ciseler, ebarber, emincer, escaloper, etouffer, farcir, glacer, larder, mariner, mouiller, napper, revenir, sauter, tourner* e assim por diante"[28].

No entanto, o "espírito" que sustentava a cozinha feminina não podia ser reduzido a nenhum sistema, porque uma *intencionalidade* era sempre necessária. Das ordens apresentadas pelo sistema de Escoffier, "está abstraída a intenção do 'cozinhar para o outro', a intenção de seduzir, de aproximar subjetividades"[29]. Daí a necessidade de introduzir esse estilo feminino, conhecido como "sensibilidade gastronômica", na reflexão e na prática da alta gastronomia, para superar os efeitos perigosos de duas características da cozinha masculina em contexto urbano: a homogeneização da produção em série e a "desincorporação" dos gestos culinários, ou seja, a cristalização desses gestos nos modernos utensílios de cozinha[30].

---

27. FCB, 213.
28. Dória, Flexionando o gênero, 264-265. Dória ainda afirma: "Talvez por isso mesmo, por se tratar da transferência de um saber tradicionalmente feminino para um universo masculino, é que foi necessário, para Escoffier, formalizar todos os gestos, criar um vocabulário controlado e assim por diante: parecia a 'invenção' da cozinha masculina em um mundo em que os homens nada sabiam previamente sobre o cozinhar e do qual, por exigir iniciação e treinamento, as mulheres da cozinha doméstica ficariam apartadas" (ibid., 265).
29. Ibid.
30. Cf. ibid., 264.

O caminho diante de nós continua aberto. O futuro da alta gastronomia parece estar em uma nova articulação entre as técnicas e o corpo, a intencionalidade e a afetividade, o espaço público e a intimidade doméstica, e os estilos masculino e feminino de cozinhar. Mas, para avançar, também precisamos redescobrir "a história do fazer para os outros":

> "Fazer para o outro" – essa doação através de um intermediário material como a comida – é a marca feminina do cozinhar desde os primeiros tempos da humanidade. Recuperar a "história do fazer para o outro" concreto e singular, as suas formas e motivações, parece ser o único caminho para restaurar os contornos do feminino na cozinha. Não apenas aquele feminino que foi subsumido na cultura masculina como técnica, mas na singularidade do seu estilo, que chamamos aqui "sensibilidade gastronômica feminina"[31].

O paradigma "restaurante" e o mundo do trabalho

A sensibilidade gastronômica feminina também está associada à expressão "cozinhar com amor", sendo o amor entendido aqui como um afeto dirigido a alguém concreto e singular. Se essa é a marca registrada de cada lar, como enfrentar esse desafio em um restaurante, diante de um público heterogêneo? Temos de reconhecer que "aquele encontro de subjetividades que se dá na cozinha doméstica não funciona em escala maior, tantas são as idiossincrasias pessoais"[32].

---

31. Ibid., 269.
32. EBL, 58.

Dória, que também se interessa por essa questão, menciona um fenômeno relativamente recente nos restaurantes populares brasileiros: enquanto eles costumavam oferecer principalmente "pratos feitos", de composição tradicional, agora oferecem bufês "por quilo", em que cada consumidor compõe seu próprio prato[33].

O "kilo" – apelido dado a esses restaurantes em várias partes do Brasil – pode ser analisado sob diferentes perspectivas:

> Teóricos modernos da administração veem no "kilo" um exemplo bem-sucedido de desintermediação. Entre o mercado e a mesa, um número mínimo de operações comerciais. Até o garçom foi dispensado. Já sociólogos diriam que o capital externalizou o custo de reprodução da força de trabalho, terceirizando o antigo restaurante de fábrica. Economistas de esquerda reconhecem no kilo a subsunção da alimentação ao capital financeiro, uma vez que o kilo não seria possível sem o tíquete-refeição. O nutricionista saúda o kilo como o triunfo de uma racionalidade que só a variedade de carnes, legumes e frutas permite construir. Finalmente, o dono do restaurante, embora reclame da opressão do tíquete-refeição, reconhece nele o alcance de um patamar de racionalidade e cálculo nunca antes imaginado [...]. Nada se perde, tudo se cria[34].

Por seu sucesso estar ligado ao mundo do trabalho, não é de estranhar que o "kilo" seja também um bom local para observar as diferenças entre as classes sociais. Em alguns restaurantes,

---

33. Cf. FCB, 172-173.
34. ECB, 258.

o preço varia conforme a hora do dia. Para Dória, trata-se de uma estratégia: "O que parece linear, homogêneo, se diferencia finoriamente. Há a hora do *office-boy* e a hora do gerente. [...] Um entra, os outros saem"[35]. No entanto, esse tipo de estratégia esconde e dissimula algo que os refeitórios das fábricas tornavam evidente: "A presença simultânea de chefes e subordinados exigia um tablado para projetar a hierarquia sobre o espaço comum"[36].

Mas quais são as novas características gastronômicas do "kilo"? A primeira inovação é a tarefa confiada aos clientes. Em frente ao bufê, a cultura gastronômica de todos os indivíduos se equivale, e "diariamente milhões de pessoas são instadas a se comportarem como *chef* de si próprias no maior exercício de liberdade gastronômica que se pode imaginar"[37]. Ao mesmo tempo, essas pessoas são expostas ao reconhecimento de uma diversidade de ofertas e gostos: de fato, tudo está lá, quer você goste ou não. Em meio a essa seleção diária, um novo "eu gastronômico" pode ser formado: "O desnudamento da educação do paladar segundo recortes de classe, de origem étnica ou refinamento pessoal é também a base da (re)construção de um eu gastronômico mais profundo"[38].

Outra novidade diz respeito à maneira pela qual os clientes assumem e reinterpretam pratos conhecidos, antes reservados às classes mais abastadas. Um exemplo diz respeito à redefinição de um clássico da culinária japonesa: "O sushi deixa de ser a base e esteio de um sistema culinário para se converter em uma espécie de 'bom-bocado' ou *amuse-gueule*,

---

35. ECB, 259.
36. ECB, 259.
37. ECB, 259.
38. ECB, 259.

instaurando um verdadeiro anacoluto à mesa"[39]. Outro exemplo são as frutas, que tradicionalmente eram consumidas como parte da sobremesa, mas que agora se tornaram um acompanhamento. Mesmo sem saber o que essas mudanças culinárias significam para cada comensal, o gastrônomo observador deve estar preparado para aceitar que, "seja como for, o que parece uma heresia não o é"[40]. Um último exemplo refere-se à democratização de ofertas antes reservadas a grandes restaurantes, como tomates secos temperados e muçarela de búfala: "Ambos agora estão lá, no kilo, ao dispor de qualquer um, sem maiores rituais"[41].

Os restaurantes de bufê por quilo revelam-se, assim, como lugares curiosamente ultramodernos de experimentação, verdadeiros laboratórios gastronômicos:

> O kilo é quase confessional. Há um convite a ousar, longe da família, longe das regras de composição dos pratos – um terreno de experimentação e criatividade individual talvez maior do que os restaurantes de culinária ultramoderna conseguem propor. No kilo podemos ir ao encontro das idiossincrasias que existem em nós mesmos e que antes não possuíam espaço social para se manifestar. O kilo convida à transgressão sem, com isso, amolar alguém[42].

Portanto, a observação do "kilo" pode desempenhar um papel importante na criação gastronômica contemporânea. Em primeiro lugar, esse fenômeno incentiva uma "projeção do 'eu

---

39. ECB, 259.
40. ECB, 260.
41. ECB, 260.
42. ECB, 260.

gastronômico' no prato", de modo que "quanto maior o repertório e as possibilidades combinatórias, maior a quantidade de 'eus' comensais que podem se expressar"[43]. Em segundo lugar, os restaurantes de pesquisa gastronômica têm muito a ganhar se prestarem atenção aos restaurantes populares: "Os kilos podem desempenhar para a criação gastronômica o mesmo papel que a *street wear* para os estilistas de moda"[44]. Por fim, esse fenômeno pode ampliar a autocompreensão do Brasil e do movimento gastronômico mundial. O surgimento desse modelo no país se deve a uma convergência de etnias, combinada com uma fraca tradição culinária e uma fraca uniformidade do gosto. Com efeito, o Brasil possui, ao mesmo tempo, uma diversidade de repertórios e flexibilidade nas regras para combiná-los.

Como o fenômeno dos restaurantes por quilo é relativamente recente e ainda está em andamento, a análise do gastrônomo só pode terminar com avaliações e perguntas abertas:

> É difícil imaginar qual será o impacto de longo prazo dessa nova instituição no desenho do gosto médio da população brasileira. Seguramente já indica que o tradicional arroz com feijão, bife e batata frita é um cardápio caduco que vai ficando para trás ou sendo confinado à casa. Também mostra que, finalmente, as influências étnicas não configuram mais nichos de sabores, dissolvendo-se em um grande *melting pot*, ou em uma espécie de cardápio no estilo "Samba do crioulo doido" que, diariamente, se faz e se desfaz em milhões de pratos à mesa. Não há como negar: o kilo é o fim. Ou um novo começo[45].

---

43. ECB, 260.
44. ECB, 259.
45. ECB, 261.

O paradigma "rua" e a solução popular

De acordo com Dória, uma distinção importante entre as práticas culinárias das classes populares e as das classes média e alta está ligada ao enraizamento regional:

> No geral, o comer popular apresenta uma riqueza e diversidade que dependem mais dos ecossistemas regionais do que dos suprimentos externos, e, inversamente, a alimentação urbana das classes média e alta depende mais das modas externas e dos fluxos de importação, sendo relativamente independente em relação à riqueza dos ecossistemas brasileiros[46].

O "kilo" introduziu algo da lógica popular nos restaurantes tradicionais. Entretanto, sua configuração e organização estão ligadas principalmente aos trabalhadores que recebem vale-refeição ou àqueles que podem pagar por uma refeição em um restaurante. O que podemos descobrir quando olhamos para outro modelo de alimentação mais próximo das ruas – o *fast-food* – e sua versão popular? Dória dá a palavra a Josimar Melo, crítico gastronômico de São Paulo. Em uma avaliação de duas grandes redes mundiais de hambúrgueres, ele identifica os possíveis critérios que orientam os frequentadores de estabelecimentos de *fast-food*:

> Nessa briga há lugar para todo mundo, já que as semelhanças são maiores do que as diferenças, e aparentemente o público que se sujeita a abdicar do sabor (pois é sabor o que mais falta a ambos os concorrentes) tende a se acomodar à

---
46. FCB, 195.

lanchonete que estiver mais perto, que tiver menos fila, que der brindes mais atraentes para as crianças, que fizer a publicidade mais eficiente naquela temporada [...]. O que vi de essencialmente semelhante nas duas redes foi o fato de ambas servirem um hambúrguer desnaturado[47].

Para Dória, o que é específico das redes de *fast-food* é uma renúncia ao prazer propriamente gastronômico em favor de certa ideia de nutrição: "A nutrição substitui a gastronomia, e a razão parece exigir como tributo o sacrifício do prazer"[48]. No entanto, esse sacrifício do prazer não é visto em um fenômeno culinário considerado um *fast-food* popular: o "churrasco de gato". Esse apelido foi cunhado por seus próprios clientes, para zombar da origem desconhecida da carne consumida nessas redes informais de alimentação. Elas se caracterizam não apenas por sua mobilidade – os comerciantes vão para onde há aglomerações populares –, mas também por sua forte capacidade de adaptação. Ao contrário de seus homólogos concentrados em *shopping centers*, "o churrasco de gato, e o seu couro para tamborim, são paradigmas da festa. Valem mais como enquadramento simbólico do sujeito do que como qualidade do alimento ou som. Valem como metáfora"[49].

A mobilidade dessas "unidades táticas" não se limita a um pequeno carrinho. A linha de produtos também é móvel: "Com o passar do tempo, o mercado que era do gato foi sendo diluído por outros alimentos que conquistaram o gosto popular. O *hot-dog*, as linguiças, o 'churrasco grego'"[50]. A comida de

---

47. ECB, 264-265.
48. ECB, 265.
49. ECB, 266.
50. ECB, 266.

rua também se adapta aos gostos regionais, formando uma barreira contra o ataque das redes globalizadas: tacacá em Belém do Pará, acarajé em Salvador da Bahia, pastel nas feiras, açaí adaptado ao gosto dos jovens em São Paulo.

Esse modelo de comida é particularmente adequado ao mundo dos trabalhadores informais, onde "cada um leva para a rua o que sabe fazer. Se gostarem, ótimo. Se não gostarem, tenta-se outro caminho"[51]. Os clientes geralmente são pessoas que não têm dinheiro para frequentar o "kilo" regularmente, pessoas que precisam comer, mas que também procuram prazeres rápidos: "O sanduíche, o yakisoba, a fatia de melancia ou abacaxi sobre o gelo, o cigarro vendido por unidade"[52].

A lógica gastronômica desenvolvida aqui obviamente não é a mesma propagada pelos restaurantes por quilo. Enquanto esses restaurantes são organizados em torno da diversidade dentro de um mesmo estabelecimento, todo serviço de *fast-food* – seja ele popular ou globalizado – reduz as opções ao mínimo:

> Diferente do kilo, em que o indivíduo constrói a sua refeição em uma bricolagem sem padrão, o *fast-food* – seja de rua ou de *shopping* – precisa concentrar o gosto do cliente em um número pequeno de escolhas ou, idealmente, em um só produto. É um trabalho de convencimento bem mais difícil. Precisa encontrar a média (ou a moda) do gosto popular e não se afastar dela. [...]. Isso foi e é difícil para as redes norte-americanas que trazem na bagagem a fórmula do paladar onde se formaram e cresceram[53].

---

51. ECB, 266.
52. ECB, 267.
53. ECB, 267.

Dória vê o futuro do *fast-food* a partir desses dois modelos concorrentes: o modelo de *shopping center*, mais voltado para a classe média, e o modelo de rua, mais voltado para as classes populares. Nos *shopping centers*, as fórmulas das diferentes redes não mudam muito. Por outro lado, nas ruas, nas praças e nas aglomerações populares, mesmo que o "churrasco de gato" tenha perdido sua hegemonia, ele continua sendo uma opção. O que vemos hoje em uma cidade como São Paulo é uma "vasta gama de soluções inventivas, baseadas em diferentes tradições étnicas ou na inovação que a feição cosmopolita da cidade impõe, testa, aceita ou rejeita"[54].

Essas ofertas populares de *fast-food* são, segundo Dória, "produtos artesanais, ao gosto do freguês, talvez simulacros do mundo impenetrável dos restaurantes, *shopping centers*, kilos e bares"[55]. A capacidade de improvisação desses trabalhadores informais parece ser ilimitada, "pois estão livres das operações seriadas e precisas que resultam, no mundo todo, em sanduíches sempre iguais"[56]. A extrema serialização e precisão das redes de *fast-food* globalizadas são, portanto, responsáveis pela homogeneidade de seus produtos culinários e pela falta de adaptação aos gostos locais. Com humor, Dória vê a comida de rua como uma espécie de vingança contra a realidade excessivamente higienizada dos grandes centros comerciais: "Contra o mundo dos *shopping centers*, a rua parece se vingar abrindo em leque uma diversidade desregrada e transgressora"[57].

---

54. ECB, 267.
55. ECB, 268.
56. ECB, 268.
57. ECB, 268.

* * *

Para além dos grandes restaurantes gastronômicos, essas três perspectivas de outras "humanidades gastronômicas", embora não sejam conclusivas, convidam os profissionais e os entusiastas da cozinha a um novo olhar sobre a busca do prazer culinário na vida cotidiana. De fato, a intimidade do lar, a rotina do local de trabalho e a informalidade da rua oferecem algumas pistas sobre estilos alternativos, que nos ajudam a superar a perigosa tendência à repetição e à homogeneidade e o terrível risco de nos tornarmos adversários da novidade e da diversidade. A invenção de um futuro gastronômico feliz poderia, portanto, surgir no Brasil contemporâneo graças a jovens cozinheiros e cozinheiras capazes de explorar e redescobrir os sabores plurais do Brasil real – os que existem dentro deles e à volta deles –, vendo nisso a beleza do encontro entre um *terroir* único e uma história humana singular, constantemente reunidos, transformados, saboreados e partilhados muito além de qualquer cerca ou fronteira.

Início das despedidas: na cozinha, a descoberta e a invenção de uma vida autêntica

Descobrimento: durante séculos, a historiografia usou esse conceito para descrever o evento que deu origem ao Brasil. É verdade que a crítica histórica do século XX questionou essa narrativa. No entanto, a palavra "descobrimento" ainda está muito presente no imaginário da maioria dos brasileiros e brasileiras, como se ainda tivesse algo a nos dizer. Será que o Brasil – um país construído a partir de uma combinação de terra, flora, fauna e tradições humanas tão diferentes entre si – foi realmente descoberto? Ou – colocando a questão de outra forma – o que os navegadores experimentaram como uma "descoberta" foi um ato isolado de um passado distante ou, ao contrário, é um projeto continuamente confiado aos "navegadores" de cada geração? Muitas vezes, os oceanos mais difíceis de atravessar são aqueles que nos afastam de nosso "lar" mais íntimo. Portanto, precisamos aprender a navegar em direção às nossas próprias "entranhas". Também precisamos nos preparar para receber tudo o que estava escondido dentro de nós – as potencialidades que nos enchem de admiração e encanto, bem como os fracassos e as feridas que tanto tememos.

Por fim, é essencial fazer as escolhas certas quando essas revelações – sempre surpreendentes – acontecerem.

Nosso diálogo com a experiência concreta vivida na megalópole de São Paulo – como uma *síntese aberta* de todo o itinerário que fizemos – ajudou-nos a ver que, tal como aconteceu na globalização do século XVI, o encontro de tradições diversas em um mesmo terreno ao longo do século XX foi fonte de riqueza e crises, instabilidade e novos desafios para uma cidade moderna. As contradições e dicotomias de períodos anteriores da história brasileira tornaram-se mais explícitas, graças à nova dignidade do ofício de cozinheiro, à valorização das tradições culinárias populares e à chegada à cozinha de uma nova geração bem formada e cheia de energia criativa.

Como você já deve ter entendido, um livro como este não se conclui. Ele se abre à quantidade imprevisível de leitores e leitoras que tenham tido o gosto e a coragem de ir até o fim deste percurso, cada um com seu próprio interesse, conforme os sete possíveis perfis identificados em nossa introdução. No entanto, de minha parte, espero poder ter colaborado com aquilo que indiquei no título desta obra: a constituição de incontáveis *autobiografias gastronômicas*. Para a elaboração de um projeto – de cozinha, de vida ou de relação – autêntico, para além da intuição pessoal, é fundamental realizar este tipo de viagem que nos leva, ao mesmo tempo, para dentro e para fora, para o passado e para o futuro, para o concreto incontornável da terra e para a abertura provocadora do céu... A pessoa única que estamos nos tornando e nossos projetos pessoais são melhores e mais saborosos quando enraizados e abertos às novidades, assumidos em liberdade e desejosos de dar prazer e reencantar o mundo com profundidade e leveza.

Eu não poderia terminar este livro sem um agradecimento explícito a Paula Pinto e Silva, que dedica seu esforço intelectual a uma compreensão antropológica da cozinha brasileira e aceitou, generosamente, provocar os leitores e leitoras a começarem esta viagem gastronômica que estamos quase terminando, e a Carlos Alberto Dória, que, além de nos brindar com uma "saideira" logo em seguida, foi um grande timoneiro nestas águas abundantes e revoltas da história gastronômica do Brasil. Quando o encontrei pessoalmente em 2016, no contexto de minha pesquisa doutoral, algo me chamou a atenção nesse gastrônomo: ao escutar minhas intuições, que começavam a ganhar forma a partir da leitura de seus livros, Dória me perguntava se eu conhecia tal ou tal autor, buscando ampliar minha interlocução com outros investigadores, além de não tentar corrigir ou influenciar minha interpretação de seus textos em uma determinada direção. Isso só confirmou que esse era o interlocutor que eu procurava, cujo estilo dialogal e aberto a outras leituras estava em plena sintonia com o tipo de reflexão gastronômica à qual você teve acesso ao longo deste livro. Ninguém pode realizar as travessias da vida e do pensamento sozinho, e as provocações de Dória – com seriedade, inventividade, inconformidade e humor – foram e são uma excelente companhia para este caminho que absolutamente ninguém pode fazer em nosso lugar.

Para finalizar esta conclusão aberta, gostaríamos de dar o devido destaque para uma boa notícia relativamente recente, embora ainda tímida: o surgimento público e o reconhecimento nacional e internacional de mulheres como *chefs* de cozinha. A presença delas enriquece a prática, a investigação e o debate gastronômico no Brasil. Em homenagem a essa bela novidade culinária, cedemos a palavra a uma delas, a *chef* Roberta Sudbrack:

> [Buscar] nossa própria comida e sua singular diversidade, expressada com outros olhos – novos olhos –, para além do típico, do regional, uma linguagem mais atemporal, mas que não deixa de estar referenciada em nossa cultura e de ser reveladora da nossa identidade. É esse acervo culinário presente em nosso *terroir*, nos nossos costumes diários mais simples, que, acredito, vai nos levar a uma gastronomia substantivamente brasileira, que para se manter sempre fresca e renovada não pode perder sua ligação com o mundo. Deve influenciar e ser influenciada por essa riqueza gastronômica global. É isso que quero dizer quando defino minha cozinha como moderna brasileira: a preservação da nossa herança gastronômica, mas sem regionalismos. Uma comida atual, que procura unir esse nosso Brasil diverso e conversar com referências universais sem perder sua fonte nacional e o desejo de revelar todos os seus gostos e tradições[1].

Assim seja!

---

1. FCB, 111.

A saideira

Carlos Alberto Dória

Quando encontrei Francys pela primeira vez, foi a pedido dele, que, segundo disse, queria me entrevistar no âmbito da tese que vinha escrevendo, em teologia, sobre minha obra e a de um poeta português. Felizmente, talvez movido pela vaidade, aceitei conversar com um padre jesuíta, na contramão do meu ateísmo e anticlericalismo, desenvolvidos à margem de minha formação em colégios de padres. Lembrei-me também de um livro que muito me marcou à época, que foi *Diálogo posto à prova*, de Lucio Lombardo Radice, sobre a experiência dos comunistas italianos com a democracia cristã, além do Concílio Vaticano II e da teologia da libertação, de modo que fui ao seu encontro devidamente "vacinado".

Encontramo-nos em uma padaria perto do colégio São Luís, onde ele estava hospedado, e reconheço que a experiência foi mais que surpreendente. Estava diante de mim um jovem afável, de notável erudição, que me expôs, de maneira concisa e com fala mansa, o que chamava de "meu pensamento", esperando minhas confirmações sobre sua leitura. Familiarizado pelo que ouvi, me senti em uma autêntica sessão de psicanálise literária, tal a forma elaborada e refletida sobre o que eu pensara fragmentariamente, me vendo diante de uma totalidade que, nem de longe, imaginava existir sob meus escritos. Francys, ao recriar "meu pensamento", como se lê no presente livro, me fez ver uma prosa que se autoedita quando simplesmente "escrevemos". E, porque gostei do resultado – para um cientista social é sempre fascinante navegar pelas águas da metodologia –, aceitei o convite para este *post fatio*.

De fato, um cristão inteligente e culto não se parece em nada com um homem de fé que come criancinhas comunistas. A capacidade de Francys, ao ler de modo transversal textos sobre gastronomia, é surpreendente no domínio da sociologia da alimentação. E, como ele "leu" algo que não pertencia ao meu domínio consciente, sou seu devedor. Na sua (re)construção, o mais notável foi hierarquizar os passos lógicos, deduzindo uma metodologia e emprestando um sentido novo aos fragmentos de diferentes momentos e contextos. Viu no conjunto uma "razão gastronômica" em ação por trás de cada frase. A interpretação com que me brindou é, sobretudo, generosa, ao entrever o esboço de um sistema.

Fui movido, ao iniciar os estudos sobre alimentação, pelo desafio formulado por Câmara Cascudo de chegar à compreensão do "gosto brasileiro" e, naturalmente, de como se formou. Para ele, por meio da educação doméstica, já que o pai era português e a mãe, indígena ou negra. Em um sentido diverso, porém, a sociologia se concentrou na análise da ocidentalização da alimentação, com foco nas classes dominantes e em sua literatura, derivada dos livros de Domingos Rodrigues e Lucas Rigaud, cozinheiros cortesãos, e muito calcada nas teorias difusionistas em voga. A comida popular – pois era disso que se tratava – haveria se constituído a partir de ingredientes e técnicas indígenas ou africanas, passados pelo crivo da dominância portuguesa. A formação, portanto, de duas culinárias, presididas por hierarquias derivadas do mundo do trabalho, é um fato incontornável que qualquer estudioso do presente é forçado a reconhecer: a comida popular, em sua enorme variação espacial e étnica, esteve em desvantagem ao longo dos anos diante do pão de ló, dos assados e cozidos mais sofisticados concebidos na Europa.

O trabalho de conformação da natureza aos desígnios humanos é um trabalho milenar, desenvolvido de modo relativamente isolado por vários povos, desenhando os contornos das culturas. Desde o que Darwin chamou de "seleção inconsciente", até a "seleção metódica", observa-se a reconfiguração de espécies naturais sob domesticação, de forma a desenvolver suas utilidades (*utility*). Esse processo envolveu desde a agricultura até as formas diversas de cozinhar, cujo conjunto expressa a plasticidade do gênero humano diante da natureza. Em um mundo assim culturalizado, os diferentes caminhos explorados pelos povos constituem capítulos de uma experiência humana só unificada no plano da consciência. Plano no qual, por qualquer princípio de classificação, é também possível reordená-la segundo conjuntos outros. Assim nascem as cozinhas branca, negra ou indígena de modo a atender a uma mitologização relativa à origem nacional brasileira. Com o passar do tempo, expressando a hierarquia social entre os povos, criaram-se também conjuntos que assinalavam técnicas e matérias-primas às diferentes procedências étnicas. Algumas, como o pilar, enlaçavam de modo igual indígenas e negros, como testemunho de uma fase antiga da culinária que só o colonialismo veio superar, introduzindo a noção de "progresso" no fazer culinário ao substituir o pilão pelo monjolo. E como resultado final ficou a impressão de que matérias-primas indígenas, temperos africanos e técnicas europeias se miscigenaram para dar origem a uma cozinha popular autóctone. A partir daí, a leitura erudita desse processo procurou fazer o "caminho de volta", desentranhando do produto final mestiço as "influências" originais negras, indígenas ou brancas, afastando-se justamente da dimensão totalizadora que o trabalho humano construiu ao versar sobre a natureza tropical. Mas é muito difícil navegar por essas águas sem se paralisar ao enredar no sargaço, o que desafia a "arte da navegação", na qual Silvestrini dá mostras de notável habilidade. Que ele tenha montado um "sistema" de abordagem do problema só revela sua destreza. Sistema no qual se avança no tempo, percorrendo diferentes determinações – coloniais, inicialmente, e nacionalistas em seguida – de natureza econômica e simbólica, até se plasmar como experiência popular de autorreconhecimento em contraste com o que outros povos comem:

> Até aqui, estamos trilhando o caminho aberto pelo já maduro movimento gastronômico mundial. Porém, um olhar interessado mais nas *pessoas* do que nos *produtos* feitos por elas – por melhores que sejam! – busca desvendar um terceiro nível de compreensão, ainda incipientemente explorado pelos pesquisadores e pesquisadoras. Quando consideramos os dois níveis anteriores de conhecimento, prestando atenção à etimologia da palavra, descobrimos que uma investigação gastro-nômica – de γαστήρ, *gastér*, "estômago, ventre" + νόμος, *nómos*, "lei, norma" – é capaz de manifestar uma *normatividade* guardada e escondida nas *entranhas*: os critérios, os gostos, os valores, bem como as dificuldades,

as desordens e os riscos enfrentados por cada pessoa, inserida em uma determinada cultura culinária[1].

O conhecimento de um objeto cultural só pode ser caleidoscópico. Por mais que o pensamento histórico nos confirme que o passado ilumina o presente, as mutações do presente exigem novas miragens sobre o passado, quando então podemos ver o que não víamos antes, embora já estivesse lá. Os desafios reflexivos aumentam em vez de diminuir. Se hoje valorizamos a diversidade dos modos de vida, temos que as inúmeras culturas indígenas, por exemplo, constituem desafios de conhecimento que desprezamos enquanto tomamos os "índios" como generalidade. A culinária caipira, uma das mestiçagens mais expressivas que surgiram no presente, só é minimamente compreensível quando extraímos do conjunto de povos indígenas os tupis-guaranis, responsáveis por uma dieta única em parte do território nacional – tendo por base o milho – e bastante diferente daquela que se tornou canônica para o conjunto dos povos indígenas em nossa historiografia – tendo a mandioca como a principal espécie natural, apropriada por várias cozinhas nativas. Do mesmo modo, podemos nos perguntar a respeito de outras influências negras na culinária brasileira, que não aquela que resultou na "cozinha de azeite" do Recôncavo Baiano. Por fim, em se tratando da cozinha popular, podemos também perseguir as influências que nos chegaram já na fase de constituição do Brasil moderno, através das levas de imigrantes, como os italianos, os árabes

---

1. Adão, F. S., A teogastronomia. Uma estética teológica *sui generis*. *Perspectiva Teológica*, v. 54, n. 3 (2022) 585-607; aqui, 589. Disponível em: https://www.faje.edu.br/periodicos/index.php/perspectiva/article/view/5131. Acesso em: 04 out. 2023.

e os japoneses. Os italianos, por exemplo, embora tenham constituído o grosso do proletariado urbano, junto com descendentes de negros e indígenas, ocuparam um lugar de destaque na mitologia culinária, que pouca relação guarda com o modo como comiam quando as levas de miseráveis embarcaram com destino ao Brasil, inclusive porque se originavam de diferentes *paesi* italianos. Do mesmo modo, foram representados racialmente como brancos, como se estivessem destinados a, através da miscigenação, completar o ideal de "branqueamento" em que acreditavam intelectuais novecentistas. Hoje essas questões nos parecem mais gritantes e ásperas do que há um século; portanto, mais do que "acabada", a história da alimentação está "renovada", e um enfoque como o de Silvestrini faz parte desse movimento de reconsideração do seu sentido, abrindo-se em leque.

De fato, a alimentação viaja através do tempo sempre se redefinindo no plano simbólico, ou seja, alimentando o corpo de uma maneira sempre semelhante, ao passo que nutre o espírito de diferentes maneiras. A modernidade significa justamente sabermos lidar com esse aspecto cambiante do comer, que se define segundo a extração social, a etnicidade, as idiossincrasias de cada um, a celebração etc., cabendo ao analista incrustá-las onde for. E não foi por outra razão que as teorias a respeito da economia simbólica das sociedades ganharam destaque no campo da alimentação, como entre nós as teorizações de Bourdieu, deixando em segundo plano a análise materialista, como procurei apontar no livro *A culinária materialista*. Na verdade, ambos os aspectos se fundem em um só movimento quando observamos as práticas alimentares. Entre nós, brasileiros, essa fusão é especialmente perceptível quando os analistas deduzem a cozinha de azeite do candomblé, como fizeram Manuel Querino, Nina Rodrigues e seguidores, mantendo até hoje, como chave de leitura, o que cada entidade sagrada tem como preferência ou tabu. Nesse plano de permissões e vedações, o candomblé organiza até mesmo o comer laico, como o cristianismo ainda organiza o jejum da semana santa.

Se a fé luta por existir também através do alimento, é porque, dentre outras razões, da sua necessidade satisfeita nasce a comunidade e, em consequência, o trabalho produtivo. Se prevalecessem as idiossincrasias de cada sociedade em particular, a tessitura do gênero humano dependeria antes dos instintos, dos feromônios, do que da dimensão simbólica que *humaniza*. Ao criar essa fissura no plano natural, instaura a contradição que move a história, e o ritual será tão mais importante ali onde o mito se enfraquece, conforme ensina a antropologia. Silvestrini, como cristão e movido pela fé, privilegia essa leitura da dimensão alimentar. Espero não estar traindo seu pensamento, à maneira que não fez com o meu.

Se as experiências étnicas podem ser vistas de modo descontínuo, ao passo que a hierarquização dos agentes sociais deve ser vista como força homogeneizadora, criando continuidades que silenciam o que antes era diverso, temos a compreensão da dialética que resultou na mestiçagem, e mesmo um sentido novo para as "sobrevivências" que resistiram à homogeneização. Se no presente essas diferenças são invocadas como signos de originalidade e resistência, temos no patrimônio comum, mestiço, a reiteração daquela dialética constitutiva e, no produto, o signo do contraditório. A questão de Silvestrini, nesse particular, é como esse contraditório pode ser, ele mesmo, terreno de comunhão. Discussão que, brilhantemente, conduz pelos caminhos da oposição entre mestiçagem e confederação.

Não vamos aqui subtrair o prazer do leitor que já fez sua própria descoberta, salvo frisando que essa discussão nos conduz mesmo às dimensões múltiplas da mitologização – seja do "nacional", seja da gastronomia como visão unitária, mesmo retendo a diversidade constitutiva. É quando Silvestrini me imputa, generosamente, dar passos reflexivos "rumo a uma unidade culinária real", isto é, atribuindo ao trabalho intelectual uma dimensão efetiva na definição de rumos almejados.

Sem dúvida esse movimento só poderá ser verificado no futuro, caso se cumpra de determinada maneira. A dimensão utópica é evidente, e a utopia da comunhão, segundo a fé cristã, mas não só, advém da possibilidade de confraternização entre diferentes sujeitos sociais em torno de um só alimento, um só "gosto". Aqueles que, no passado, construíram a alegoria da feijoada, certamente foram movidos por um propósito dessa ordem. Não se trata, pois, de tomar o mito apenas como realidade simbólica, mas também como ação ou movimento que *põe* o mito como prática. Em um certo sentido, a gastronomia brasileira é a expansão quase ilimitada da alegoria da feijoada.

Silvestrini prestou-me um imenso serviço e, por extensão, a todos que se ocupam das questões mais intrincadas da sociologia da alimentação, por imbricarem, em uma mesma ordem, a vida material e simbólica. Esse é o sentido da comunhão que os brasileiros podem celebrar em torno da sua história; e, haver nos concedido um lugar nela, nos enche de alegria.

Bibliografia

Livros da autoria (ou coautoria) de Carlos Alberto Dória

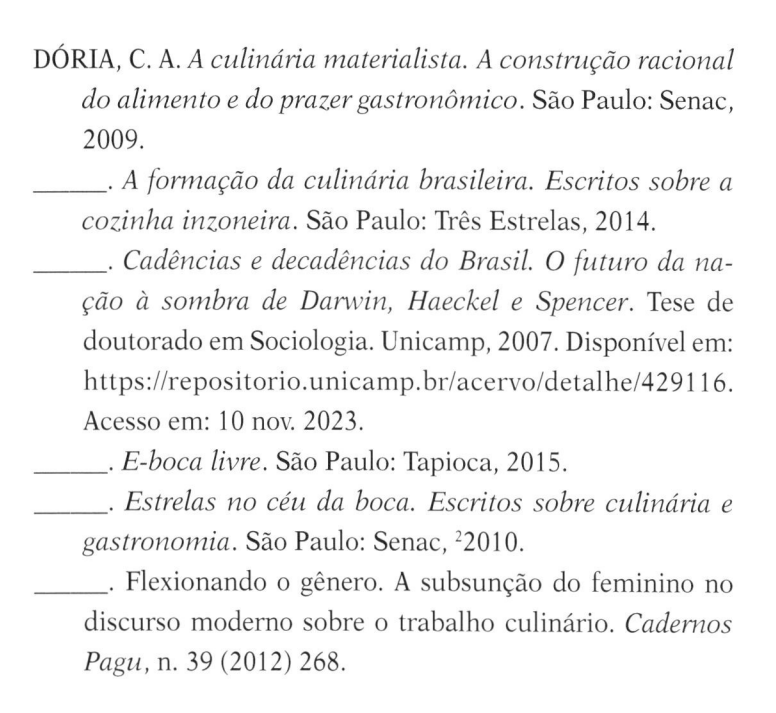

DÓRIA, C. A. *A culinária materialista. A construção racional do alimento e do prazer gastronômico.* São Paulo: Senac, 2009.

_____. *A formação da culinária brasileira. Escritos sobre a cozinha inzoneira.* São Paulo: Três Estrelas, 2014.

_____. *Cadências e decadências do Brasil. O futuro da nação à sombra de Darwin, Haeckel e Spencer.* Tese de doutorado em Sociologia. Unicamp, 2007. Disponível em: https://repositorio.unicamp.br/acervo/detalhe/429116. Acesso em: 10 nov. 2023.

_____. *E-boca livre.* São Paulo: Tapioca, 2015.

_____. *Estrelas no céu da boca. Escritos sobre culinária e gastronomia.* São Paulo: Senac, ²2010.

_____. Flexionando o gênero. A subsunção do feminino no discurso moderno sobre o trabalho culinário. *Cadernos Pagu*, n. 39 (2012) 268.

_____. *La vie comme nourriture*. Bruxelles/Paris: Éd. Jésuites, 2023.

_____. *O milho na alimentação brasileira*. São Paulo: Alameda, 2021.

_____. Um outro Darwin. In: *Ciclo Temático Evolução Darwiniana e Ciências Sociais*. IEA/USP, 22 mar. 2007, 12. Disponível em: http://www.iea.usp.br/noticias/doriaoutrodarwin.pdf. Acesso em: 10 nov. 2023.

DÓRIA, C. A.; ATALA, A. *Com unhas, dentes e cuca. Prática culinária e papo-cabeça ao alcance de todos*. São Paulo: Senac, 2008.

DÓRIA, C. A.; BACELAR, J. *Manuel Querino. Criador da culinária popular baiana*. Salvador: P55, 2020.

DÓRIA, C. A.; BASTOS, M. C. *A culinária caipira da Paulistânia. Antigo modo de comer* – Sua história e receitas. São Paulo: Três Estrelas, 2018.

Algumas referências das reflexões aqui desenvolvidas

ABBADE, C. M. S. Notícias sobre o léxico relativo a três campos lexicais do primeiro manuscrito da cozinha portuguesa. Livro de cozinha da infanta d. Maria. *Revista Philologus*, ano 4, n. 11. Disponível em: http://www.filologia.org.br/revista/11/05.pdf. Acesso em: 14 dez. 2023.

ADÃO, F. S. A teogastronomia. Uma estética teológica *sui generis*. *Perspectiva Teológica*, v. 54, n. 3 (2022) 585-607. Disponível em: https://www.faje.edu.br/periodicos/index.php/perspectiva/article/view/5131. Acesso em: 04 out. 2023.

_____. *La vie comme nourriture*. Bruxelles/Paris: Éd. Jésuites, 2023.

_____. *Los secretos de El Bulli*. Barcelona: Altaya, 1997.

ARAÚJO, W. M. C. *Alquimia dos alimentos*. Brasília: Senac-DF, 2007.

BACELAR, J. A comida dos baianos no sabor amargo de Vilhena. *Afro-Ásia*, Salvador: Universidade Federal da Bahia/Centro de Estudos Afro-Orientais, n. 48 (2013) 1-38.

BALANDIER, G. *Antropológicas*. São Paulo: Cultrix, 1976.

BANCO DO BRASIL. *História da gastronomia paulistana*. São Paulo: Guia D Ltda., 2004.

BARBOSA, L. Feijão com arroz e arroz com feijão. O Brasil no prato dos brasileiros. *Horizontes antropológicos*, Porto Alegre, ano 13, n. 28 (2007) 87-116.

BELLUZZO, R.; HECK, M. *Cozinha dos imigrantes. Memórias e receitas*. São Paulo: DBA, 1998.

BLANC, G. *The natural cuisine of Georges Blanc*. New York: Webb & Bower, 1987.

BOCUSE, P. *La nueva cocina francesa de Paul Bocuse*. Buenos Aires: Editorial Crea, 1979.

BORGES, J. L. *Os conjurados*. Lisboa: Difel, 1985.

BRILLAT-SAVARIN, J.-A. *A fisiologia do gosto*. São Paulo: Companhia das Letras, 2001.

CALVINO, I. *Perché leggere i classici*. Milano: Mondadori, 2002.

_____. *Seis propostas para o próximo milênio*. São Paulo: Companhia das Letras, 2009.

CÂMARA CASCUDO, L. *Dicionário do folclore brasileiro (1954)*. V. II, Rio de Janeiro: Instituto Nacional do Livro, 1972.

_____. *História da alimentação no Brasil (1967)*. Belo Horizonte: Itatiaia; São Paulo: Edusp, 1983.

CAPISTRANO DE ABREU, J. *Capítulos de história colonial (1500-1800)* & *Os caminhos antigos e o povoamento do Brasil*. Brasília: Editora Universidade de Brasília, 1963.

CARLOS ALBERTO Dória. *Up Magazine*. TAP AIR, Portugal. Publicado em: 01 ago. 2012. Disponível em: http://upmagazine-tap.com/pt_artigos/carlos-alberto-doria. Acesso em: 01 jun. 2018.

CAVALCANTE, P. B. *Frutas comestíveis da Amazônia*. Belém: Museu Paranaense Emílio Goeldi, 1996.

CSERGO, J. *Pot-au-feu. Convivial, familial – Histoires d'un mythe*. Paris: Autrement, 1999.

CUNHA, A. G. *Dicionário histórico das palavras portuguesas de origem tupi*. São Paulo: Melhoramentos, 1989.

ESCOFFIER, A. *Le guide culinaire*. Paris: Flammarion, 1993.

_____. *Memories of my life*. New York: Van Nostrand Reinhold, 1997.

FELIPPE, G. *Grãos e sementes*. São Paulo: Senac, 2007.

FERRÃO, J. M. *"Feijoeiros". A aventura das plantas e os descobrimentos portugueses*. Lisboa: Fundação Berardo/ Fundação para a Ciência e a Tecnologia, 2005.

JAMES, K. *Escoffier. The king of chefs*. London: Hambledon, 2002.

LEONARD, W. R. Food for thought. Dietary change was a driving force in human evolution. *Scientific American*, New York, December 2002.

LEZAMA LIMA, J. *Paradiso*. São Paulo: Martins Fontes, 2014.

LUBOW, A. Lo, the poor Indian. A food critic views the Americanization of subcontinental cuisine with some regret. *Slate Magazine*, jan. 1998. Disponível em: http://www.slate.com/id/3529. Acesso em: 14 dez. 2023.

MARTIUS, C. F. Ph. Como se deve escrever a história do Brasil. *Revista do Instituto Histórico e Geográfico Brasileiro*, tomo VI (1844), Rio de Janeiro: Tip. João Ignácio da Silva, 1865.

MONTALBÁN, M. V. *Contra los gourmets*. Barcelona: Mondadori, 2001.

_____. Sistemi alimentari e modelli di civiltà. In: FLANDRIN, J.-L.; MONTALBÁN, M. V. *Storia dell'alimentazione*. Roma/Bari: Laterza, 1997.

NORTON, M. Chocolate para el imperio. La interiorización europea de la estética mesoamericana. *Revista de Estudios Sociales*, Bogotá, n. 29 (2008) 42-69.

PEÑIN, J. *Guía Peñin de los vinos de Espanã 2006*. Madrid: Peñin, 2006.

PINTO E SILVA, P. *Farinha, feijão e carne-seca. Um tripé culinário no Brasil colonial*. São Paulo: Senac, 2005.

_____. *Papagaio cozido com arroz. Livros de cozinha e receitas culinárias no Rio de Janeiro do século XIX*. São Paulo, 2007. Tese (Doutorado em Antropologia), Faculdade de Filosofia, Letras e Ciências Humanas, USP.

POMPEU, R. *A dialética da feijoada*. São Paulo: Vértice, 1986.

POULAIN, J.-P. (org.). *Dictionnaire des cultures alimentaires*. Paris: PUF, 2012.

_____. *Sociologias da alimentação. Os comedores e o espaço social alimentar*. Florianópolis: UFSC, 2006.

QUERINO, M. *A arte culinária na Bahia*. Salvador: Papelaria Brasil, 1928.

RENAN, E. *Qu'est-ce qu'une nation? Et autres écrits politiques (1882)*. Paris: Imprimerie Nationale, 1996.

REVEL, J.-F. *Um banquete de palavras. Uma história da sensibilidade gastronômica*. São Paulo: Companhia das Letras, 1996.

RIBEIRO, D. *Os índios e a civilização. A integração das populações indígenas no Brasil moderno.* São Paulo: Companhia das Letras, 1996.

ROMERO, S. *História da literatura brasileira (1888).* Tomo I. Rio de Janeiro: Livraria José Olympio Editora, 1943.

SIMON, F. *Para onde foram os chefs?* São Paulo: Senac, 2010.

SMITH, D. V.; MARGOLSKEE, R. F. Making sense of taste. *Scientific American*, New York, 2006.

SOARES DE SOUSA, G. *Tratado descritivo de Brasil em 1587.* São Paulo: Companhia Editora Nacional, Coleção Brasiliana, v. 117, 1987.

STEINGARTEN, J. *O homem que comeu de tudo.* São Paulo: Companhia das Letras, 2000.

SUDBRACK, R. *Eu sou do camarão ensopadinho com chuchu.* São Paulo: Tapioca, 2013.

SUAUDEAU, L. *Cartas a um jovem chef. Caminhos no mundo da cozinha.* Rio de Janeiro: Elsevier, 2004.

THIS, H. Formal descriptions for formulation. *International Journal of Pharmaceutics*, n. 344, 2007.

_____. La gastronomie moléculaire. *Science des Aliments*, v. 23, n. 2 (2003).

_____. Modeling dishes and exploring culinary precisions. The two issues of molecular gastronomy. *British Journal of Nutrition*, 2005.

THIS, H.; GAGNAIRE, P. *La cuisine c'est de l'amour, de l'art, de la technique.* Paris: Odile Jacob, 2006.

THIS, H.; KURTI, N. The kitchen as a lab. *Scientific American*, New York, April 1994.

TORT, P. *Darwinisme et société.* Paris: PUF, 1992.

_____. *La pensée hiérarchique et l'évolution.* Paris: Aubier, 1983.

_____. *Misère de la sociobiologie*. Paris: PUF, 1985.
TRUBEK, A. B. *Haute cuisine. How the French invented the culinary profession*. Philadelphia: Univ. of Pennsylvania Press, 2000.
VASCONCELOS, F. A. G. Fome, eugenia e constituição do campo da nutrição em Pernambuco. Uma análise de Gilberto Freyre, Josué de Castro e Nelson Chaves. *História, Ciências, Saúde*, Manguinhos, v. VIII, n. 2 (jul./ago. 2001).
VV.AA. A ciência na cozinha. *Scientific American Brasil*, São Paulo: Duetto, v. 2 (2007) 1-82.

Edições Loyola

editoração impressão acabamento
Rua 1822 n° 341 – Ipiranga
04216-000 São Paulo, SP
T 55 11 3385 8500/8501, 2063 4275
www.loyola.com.br